Böttcher / Philipp (Hrsg.)
Mit Schülern Unterricht und Schule entwickeln

Mit Schülern Unterricht und Schule entwickeln

Vermittlungsmethoden und Unterrichtsthemen
für die Sekundarstufe I

Herausgegeben von Wolfgang Böttcher und Elmar Philipp

Beltz Verlag · Weinheim und Basel

Die Herausgeber

Wolfgang Böttcher, Dr., Diplomsozialwissenschaftler. Wissenschaftlicher Angestellter an der Universität GHS Essen.

Elmar Philipp, Dr., Diplompädagoge, freiberuflicher Trainer und Berater.

Gesetzt nach den neuen Rechtschreibregeln
Lektorat: Peter E. Kalb

http://www.beltz.de
Herstellung: Lore Amann
Satz: Satz- und Reprotechnik GmbH, Hemsbach
Druck: Druckhaus Beltz, Hemsbach
Umschlaggestaltung: Federico Luci, Köln
Umschlagfoto: Pressefoto Michael Seifert, Hannover
Printed in Germany

ISBN 3-407-62432-8

Inhaltsverzeichnis

Einleitung

Vor ein paar Jahren war es noch kaum denkbar, dass Schulen sich aus dem von Hellmut Becker schon 1954 heftig kritisierten Status einer Behörde am untersten Ende der Verwaltungshierarchie befreien könnten. Viele Schulen befinden sich mittlerweile auf dem Weg einer selbstverantworteten Schulentwicklung. Dabei ist den meisten klar, dass eine sich wandelnde Schule sowohl an der Reform des Unterrichtes ansetzen als auch an der Entwicklung der Schule als Organisation arbeiten muss. Die meisten Schulen lassen sich glücklicherweise wenig von einem »inszenierten« Konflikt infizieren, der Organisationsentwicklung (OE) gegen Unterrichtsentwicklung (UE) auszuspielen versucht. Wenn auch in vielen Schulen Projekte der UE im Zentrum der Arbeit stehen, werden vielfach parallel dazu Vorhaben der OE praktiziert. Im Überschneidungsbereich stehen Konzepte der Teamentwicklung, kollegiale Supervision, kollegiale Fallberatung oder kollegiales Team-Coachings. Vielen Lehrer/innen ist bewusst, dass Methodentrainings allein, die auf die Veränderung des Unterrichts abzielen, nicht der komplexen Veränderungsdynamik von Schulen gerecht werden. Es gilt nämlich: »Wer Unterricht verändern will, kann nicht nur Unterricht verändern« (Rolff 1999). Wir sind, wie viele unserer Kolleginnen und Kollegen der Ansicht, dass schulische Veränderungen, die zum »Empowerment« einer selbstwirksamen Schule führen sollen, in der Trias von Organisations-, Personal- und Unterrichtsentwicklung zu konzipieren sind (vgl. Literatur auf S. 15). Ergänzend sollten Programme und Trainings zur Teamentwicklung hinzukommen.

Schule zwischen Bürokratie und Autonomie

Schule ist ein ungewöhnlicher Arbeitsplatz. Lehrerinnen und Lehrer verbringen an diesem ihrem Arbeitsplatz nur einen Teil ihrer gesamten Arbeitszeit. Im Wesentlichen besteht die Arbeit an der Schule aus dem Unterrichten. Im Unterricht sind sie auf sich allein gestellt. Sie wissen sich zwar in einem fein gesponnenen Netz bürokratischer Normen und Regeln und doch verfügen sie über hohe individuelle Autonomie bei ihrer Unterrichtstätigkeit. Über ihren Unterricht hinausgehend ist »die Schule« in der Vergangenheit nicht interessant oder relevant gewesen. Wieso auch? Schule war ein äußerer Rahmen, in dem Fachunterricht ermöglicht wurde. Ansonsten schien das Gebilde Schule bürokratisch übersteuert zu sein: »Man kann eh nichts bewegen«.

Die Organisationssoziologie hat kein Problem damit, die Schule als Organisation zu definieren. Eine einfache Definition besagt, dass eine Organisation ein aus Akteuren bestehendes Gebilde, ein soziales System ist, das seine Handlungen auf die Erreichung von gemeinsamen Zielen hin koordiniert. Kritiker können der Schule wohl nicht unbegründet vorwerfen, dass sie über solche gemeinsamen Ziele nicht verfügt. Zwar finden wir in den 16 deutschen Schulgesetzen einschlägige Artikel über die Aufgaben und Ziele der Schule, streng genommen werden hier jedoch Ideale formuliert, keine Ziele. Ziele sind überprüfbare Zustände, und Zielerreichung lässt sich mittels Erfolgskriterien messen.

Die Gesetze erwarten am Ende schulischer Lern- und Entwicklungsprozesse mündige Individuen, die in der Lage sind, den Anspruch auf Selbstbestimmung und die Entwicklung eigener Sinnbestimmungen zu verwirklichen, Mitverantwortung für die Zukunftsgestaltung der ökonomischen, ökologischen, sozialen, technologischen, politischen und kulturellen Verhältnisse zu übernehmen und die eigenen Ansprüche, die Ansprüche der Mitmenschen und die Anforderungen der Gesellschaft in eine ausgewogene, an den universellen Menschenrechten orientierte Relation zu bringen. So oder so ähnlich werden die großen Ideale formuliert.

Gleichzeitig geht der traditionelle schulische Lernbegriff von einem relativ geschlossenen Wissenskanon aus und entsprechend ist die Schule nach einem auf seine Vermittlung hin organisierten fachlich gegliederten Unterrichtsplan ausgerichtet. Er ist auf Lernergebnisse im Sinne der Reproduktion mehr oder weniger gut überprüfbaren Wissens orientiert. Diese Arbeit wird auch in der Schule der Zukunft einen herausragenden Platz einnehmen, denn die Fähigkeit, eigene Lernprozesse zu steuern, entwickelt sich nur im Aufbau von Wissen und Können, das wesentlich auch fachlich ausdifferenziert ist. Zugleich werden aber Sinnhaftigkeit und Anwendungsbezug erfahrbar gemacht werden müssen, wenn schulisches Lernen dauerhafte Wirksamkeit haben soll.

In aktuellen schulpolitischen Debatten wird gefordert, Schule solle aus der Abhängigkeit von der Top-down-Bürokratie befreit werden. Dies geschieht um den Preis, dass sie ihre Organisationsziele selbst mit definiert und über die Zielerreichung Rechenschaft ablegt. »Autonomie der Einzelschule«, so der gängige Titel für solche Überlegungen, wird den Arbeitsplatz Schule für jeden einzelnen Lehrer deutlich verändern. Lehrer müssen Organisationsziele »ihrer« Schule mitbestimmen, sie müssen aktiv und bewusst ein Schulklima erzeugen, das der Erreichung dieser Ziele dienlich ist. Sie müssen ihre Arbeit den Kolleginnen und Kollegen sowie ihren Vorgesetzten gegenüber offen legen und die Isolation ihrer unterrichtlichen Tätigkeit aufgeben. Sie müssen sich mit kollektiven Zielen identifizieren statt mit ihren individuellen, und sie müssen Modelle der Evaluation und Rechenschaftslegung akzeptieren oder sogar mit entwickeln.

Pointiert: Lehrerinnen und Lehrer müssen »ihre« Schule gestalten, statt in einem wenig geliebten Gebäude Unterricht abzuhalten. Schule wird sich dem Konzept zufolge von der Unterrichtsanstalt zum »Haus des Lernens« entwickeln, wie es die vom damaligen Ministerpräsidenten des Landes NRW eingesetzte Schulkommission ein wenig pathetisch formulierte (Bildungskommission NRW 1995).

Solche Vorstellungen stoßen nicht nur auf Zustimmung. Tatsächlich ist es ja auch nahe liegend zu fragen, warum solche Diskussionen in einer Zeit begannen, die wirtschafts- und finanzpolitisch durch staatliche Kürzungen auch in den Bildungsetats geprägt ist. Soll Autonomie ablenken oder verschleiern? Was wird aus den weiterhin notwendigen Strukturdebatten um die Schulsysteme der Zukunft? Wie werden die gleichen Bildungschancen für alle Schüler gewahrt, wenn die einzelne Schule sich autonom entwickelt? Soll seitens der Politik die Überwindung aller Schulprobleme in die Verantwortung der Lehrerinnen und Lehrer abgeschoben werden? Es gibt indes – trotz durchaus besorgter Nachfragen und Warnungen – keine ernsthafte bildungspolitische Gruppierung oder renommierte Einzelstimme, die im Grundsatz einer Stärkung der Gestaltungsrechte der Schule widerspricht.

Es ist sicherlich kein Zufall, dass in den meisten Bundesländern – allerdings mit unterschiedlicher Terminologie – die Schulen aller Schularten zur Entwicklung und Formulierung von Schulprogrammen aufgefordert werden.

Konsequente Ergebnis- und Handlungsorientierung: ein Prinzip von OE

Die meisten Schulen sind ohne Zweifel großartige Energiereservoires und Ideenpools, die viel zu wenig ausgeschöpft werden. Diese Tatsache hat u.E. damit zu tun, dass in vielen Kollegien kaum Planungswissen und Projektmanagement-Know-how zu finden sind, was sicherlich auf Defizite sowohl der traditionellen Lehrerrolle als auch der Ausbildung von Lehrerinnen und Lehrern verweist. Planungs- und Umsetzungsbemühungen in Schulen gipfeln daher häufig in der nicht sehr professionellen »3-M-Methode« (»**M**an **m**üsste **m**al …«,), was bedeutet, dass sich niemand konkret angesprochen fühlt und auch keine Lehrperson ein »Commitment« für das jeweilige Vorhaben zu übernehmen bereit ist. Die irrige Annahme scheint zu sein, dass eine großartige Idee quasi ein Selbstläufer ist. Demgegenüber werden bessere Handlungskonsequenzen erreicht, indem größtes Augenmerk auf die methodische Absicherung der Umsetzung gelegt wird. Dafür bietet der Handwerkskoffer der OE einen äußerst umfangreichen Fundus an.

Neben zahlreichen bewährten Planungsinstrumenten wie Ablaufdiagramm, Tätigkeitskatalog und Aktionsplan liegen darüber hinaus empirisch fundierte Erfolgskriterien vor, mit deren Hilfe schulische Veränderungsprojekte ihre jeweilige »Implementationstreue« verbessern können. Sehr häufig wird mit den so genannten **vier S** des Erfolgsmanagements gearbeitet. Demzufolge sollte mit OE-Vorhaben in der Schulentwicklung dort begonnen werden, wo

- **s**chnelle Erfolge zu erwarten sind,
- **si**chere Erfolge antizipierbar sind,
- **si**chtbare, sich in der Schule also materialisierende Erfolge eintreten dürften,
- an Schwächen, aber auch an **S**tärken angesetzt wird (Philipp 1996/Rolff 1993).

Hinzu kommt, dass Erfolge nicht einfach nur zur Kenntnis genommen werden sollten, sondern auch entsprechend gewürdigt, sprich: gemeinsam gefeiert werden sollten. Diese Orientierung des Handelns an diesen sehr pragmatischen, kurzfristigen Kriterien ist kein Widerspruch zu der aus langer OE-Erfahrung bekannten Tatsache, dass tief greifende, von allen Beteiligten getragene schulische Veränderungen nicht in weniger als drei- bis fünfjähriger Arbeit zu realisieren sind. Die kleinen, gefeierten Teilerfolge schaffen vielmehr die notwendige Motivation, auch längerfristige Vorhaben im Auge zu behalten.

»O.D. won't work in schools«[1] lautete der Titel eines Aufsatzes, der vor über 20 Jahren in einer einschlägigen amerikanischen Fachzeitschrift veröffentlicht wurde. Mit dieser Prognose lag der Autor[2] nicht nur für Nordamerika gründlich falsch: Auch in europäischen, speziell in Schulen des deutschsprachigen Raumes, »arbeitet« die Organisationsentwicklung (OE) ausgesprochen erfolgreich. Begannen vereinzelt Schulen in der Schweiz, Österreich und in Deutschland seit Mitte der 80er-Jahre sich mit den Konzepten und Methoden der OE weiterzuentwickeln, so ist zum Ende der 90er-Jahre daraus geradezu ein säkularer Trend geworden: Die Erarbeitung von Schulprogrammen und Leitbildern geschieht in den meisten Fällen mithilfe des vielfältigen Methodenrepertoires der OE.

Dabei ist die OE keineswegs nur Methode, sondern auch ein Konzept, das sich durch ein pädagogisch-optimistisches Menschenbild auszeichnet. Dazu kommt, dass die OE – entgegen einem in Schulen gern gepflegten Vorurteil – neben einer industriesoziologischen auch eine pädagogische Quelle hat, die sich etwa an Persönlichkeiten wie Ruth Cohn und Kurt Lewin festmachen lässt. Auch diese Tatsache macht den OE-Ansatz für schulische Veränderungen so interessant.

Jugend zwischen Individualität und Gemeinsinn

Es gehört mittlerweile zu den Allgemeinplätzen soziologischer und pseudo-soziologischer Zeitdiagnosen, den radikalen Wandel der Lebenswelt der Kinder und Jugendlichen zu konstatieren. Verzweifelt, besorgt, lässig-sachlich, hoffend, beglückt – je nach eigener Weltsicht – werden die Analysen kommentiert. Die Befunde lassen sich auf einen plakativen Begriff bringen: Individualisierung.

Jungen Menschen sind weniger als in der Vergangenheit Lebensorientierung, Lebensplanung und Lebenswege sozial »vorgeschrieben«. »Was wird aus mir, was soll ich tun, was soll ich eigentlich machen müssen…?« Diese paradoxen Unsicherheiten resultieren aus dem objektiven »optionalen Reichtum« moderner Gesellschaften. Daran gemessen ist Schule »arm«. Sie hält – cum grano salis – nur qualitative und quantitative Durchschnittsangebote bereit. Damit ist sie kaum in der Lage, sich der Forderung nach einer Schule mit stärker erziehender Funktion zu stellen, wie sie als

1 O.D.: Organisational Development = Organisationsentwicklung.
2 Deer, B.: O.D. won't work in schools. In: Education and Urban Society, 1976.

Folge sinkender Erziehungskraft von Familie und gesellschaftlichem Umfeld immer häufiger formuliert wird.

Schülerbefragungen zeigen, dass Schule mit ihrem kognitiven Leitmodell (Wissenserwerb, Reproduzieren, Zensieren) zwar akzeptiert wird; eine Identifikation kommt jedoch nicht zu Stande. Interessant ist, dass Schüler Schule besonders deshalb attraktiv finden, weil sie ein sozialer Begegnungsraum ist. Das »Haus des Lernens« muss das zum ausdrücklichen Gegenstand seines Selbstverständnisses machen. Die Schule der Zukunft kann sich nicht abfinden mit dieser Diskrepanz zwischen eigenem Selbstverständnis und den begründeten Interessen ihrer »Klienten«. Sie muss bemüht sein, das Schülerinteresse – durchaus kritisch – in ein »Schulprogramm« einzubauen.

Die Betonung erzieherischer und sozialer Dimensionen führt zu stärkerer Beteiligung der Schüler. Erziehung und Sozialisation sind insbesondere an nicht instruktive Erfahrungen gekoppelt. Verantwortung, Achtung vor dem Nächsten, Kooperation, Interesse an Teilnahme, aber auch Kreativität, Spontaneität oder Begeisterung können nicht »erklärt« werden. Sie werden gelebt und erfahren. Die Situation des Aufwachsens junger Menschen und ihrer daraus resultierenden Selbst- und Weltbilder erfordern eine Schule der Partizipation: Schülerinnen und Schüler müssen ihren Arbeitsplatz stärker reflektieren und verändern dürfen.

»Betroffene beteiligen«: Gilt auch für Schüler/innen!

In der »Autonomie-Debatte« wird von Lehrern erwartet, dass sie stärker als bisher aktiv bei der Gestaltung der Schule und des Schullebens mitwirken sollen. Schule wird in den gängigen Autonomie-Vorstellungen aber nicht als Organisation von Lehrern, sondern ausdrücklich als soziales System von Lehrern, Schülern und auch Eltern beschrieben. Um es zuzuspitzen: Schüler der zukünftigen Schule sollen nicht mehr unmündige Rezeptoren von Lehrerweisheiten sein, sondern aktive Gestalter von Unterricht, Schulleben und Organisationskultur.

Das ist die Vision einer Schule, die im Innern durch ein hohes Maß demokratischer Mitgestaltung aller Beteiligten gekennzeichnet ist – bei gleichzeitiger Verpflichtung, Entscheidungen explizit und öffentlich und dadurch bewertbar zu machen. Im Zusammenhang mit der Entwicklung von Schulprogrammen ist es daher u.E. nur konsequent, wenn in diesen schulindividuellen Programmen auch Überlegungen zur Evaluation angestellt bzw. von den jeweiligen Schulministerien gefordert werden.

Demokratisierung ist eine aktuelle Forderung an die innere Gestaltung der Schulen. Es geht dabei um den Abbau von Privilegien und darum, allen gleiche Chancen einzuräumen, die Lernbedingungen so zu gestalten, dass demokratisches Verhalten eingeübt und demokratische Rechte ausgeübt werden können. Lernende und Lehrende müssen eigene Gestaltungsmöglichkeiten und Mitbestimmungsrechte wahrnehmen können. Im Umgang miteinander und durch gegenseitige Unterstützung lernen sie, Vorurteile abzubauen, unterschiedliche Interessen zu erkennen und verantwortlich auszutragen.

Bildung setzt Beteiligung voraus: Wer die Absicht hat, junge Menschen zur Gestaltung der Demokratie zu bewegen und ihnen beibringen will, dass Veränderungen möglich sind und Engagement somit nützlich ist, kann sie nicht auf Möglichkeiten in ihrer »erwachsenen Zukunft« vertrösten oder sie auf gesellschaftliche Felder verweisen, in denen Einflussnahme ohnehin gering, für junge Menschen gar unmöglich ist. Junge Menschen sind interessiert und engagiert, wenn man sie nur machen lässt. Die Schule der Gegenwart ist »out of time«. Der Arbeitsplatz Schule kann besser werden, für Schüler und für Lehrer. Wenn man sie lässt und sie dabei unterstützt, wissen sie am besten, wie das »Haus des Lernens« gebaut werden kann. Die Gestaltungsperspektive: Schüler und Lehrer machen ihre Schule selbst, wohl wissend, dass sie der Gesellschaft gegenüber rechenschaftspflichtig sind, die ihre Arbeit bezahlt.

Lehrer/innen und Schüler/innen: Einen gemeinsamen Arbeitsplatz neu gestalten

Ausgangspunkt fundierter Schulentwicklung ist die gemeinsame Situationsanalyse, die in dem Grundsatz »Betroffene beteiligen« den besten Ausdruck findet. Leider wurde dieses Prinzip erst in den letzten Jahren verstärkt und konsequent berücksichtigt: Indem nämlich auch Schüler/innen und die Eltern als aktive Energieträger der Schulentwicklung begriffen werden. Mittlerweile häufen sich die positiven Erfahrungen und Berichte darüber (Müller 1996), die speziell – um auf das Thema dieses Buches hinzuführen – mit der Schülerbeteiligung gemacht werden: Schüler/innen entwickeln – parallel zu den Lehrer/innen – ein schulisches Leitbild; Schüler/innen werden als Feed-back-Geber für die Einschätzung des Unterrichts von Lehrer/innen ernst genommen; Schüler/innen entwickeln Instrumente zur Selbstevaluation ihrer eigenen Lernfortschritte (Kempfert/Rolff 1999). Dies sind beispielhaft Stichworte, die zeigen können, dass und wie »es geht« mit der Beteiligung von Schüler/innen.

Lehrerinnen und Lehrer sollten bereit sein, sich selbstkritisch zu reflektieren und sich Schülern als »Forschungsgegenstand« zur Verfügung zu stellen. Wandel geschieht nicht, wenn man sich selbst nicht ändern möchte! Oder: Veränderungen fangen immer bei mir an. Denn es ist zwar leicht, aber zumeist folgenlos, für andere Veränderungsvorschläge zu formulieren. Dies sind dann die Ratschläge, von denen manche meinen, es seien eben auch Schläge…

Uns kommt es mit der vorliegenden Veröffentlichung darauf an, die im Ansatz der Autonomie-Debatte enthaltenen Tendenzen der Demokratisierung und Partizipation zu unterstützen. Das ist doch das Ideal der erfolgreichen Schule: sie will jungen Menschen die Gestaltbarkeit der sozialen Welt und die Notwendigkeit aktiver und reflektierter Einflussnahme vermitteln. Es liegt nahe, sie auf ihre eigene »Arbeitswelt«, ihren eigenen Arbeitsplatz und ihre Gestaltungschancen dort zu verweisen. Hier ist Partizipation mehr als »graue Theorie«. Hier kann aus der Analyse und

Deutung der sozialen Welt veränderndes Handeln erwachsen. Und Lehrerinnen und Lehrer profitieren von Unterrichtsmaterialien zum Thema Schule, weil viele Übungen und Ideen sowohl Schüler als auch Lehrer zu Lernenden und miteinander Handelnden machen.

Adressaten – Schulform, Schulstufe, Schulfächer

Im Sinne des Ansatzes, Demokratisierungsprozesse in der Schule zu stützen und der Hoffnung, dadurch die demokratischen Kompetenzen von jungen Menschen zu stärken, richten sich die Bildungsmaterialien in erster Linie an die unmittelbar am Bildungswesen Beteiligten, die Lehrerinnen und Lehrer sowie die Schülerinnen und Schüler.

Die Konzeption der Materialien bezieht sich hauptsächlich auf den Wissens- und Erfahrungshorizont der Schülerinnen und Schüler in der Sekundarstufe I. Dabei wird kein Unterschied zwischen den Schulformen gemacht. Bei entsprechender Aufbereitung eignen sich die einzelnen Kapitel auch für den Unterricht in der Oberstufe des Gymnasiums.

Wir vertreten ein Verständnis von schulischem Lernen und schulischer Lernkultur, das in den Lernzusammenhängen Identitätsfindung und soziale Erfahrung ermöglicht. Dies erfordert veränderte Lernsituationen. Zukünftig gilt es, Fachlichkeit und überfachliches Lernen, individuelle und soziale Erfahrungen, Praxisbezug und die Einbeziehung des gesellschaftlichen Umfeldes miteinander zu verknüpfen. Schulisches Lernen muss gegenüber den Fragen, die sich aus der Lebenswirklichkeit von Schülerinnen und Schülern ergeben, offen sein. Es setzt an bei der Analyse und Gestaltung eines der wichtigsten Lebensbereiche der Schülerinnen und Schüler: ihrer Schule.

Die Materialien dieser Publikation gehen davon aus, dass in der Schule hauptsächlich unterrichtet wird. Aber Unterricht muss sich ja nicht unbedingt und immer an den gängigen Fächern orientieren. Es bietet sich an, interdisziplinäre Projekte zu entwickeln, in denen sich Lehrer und Lehrerinnen naturwissenschaftlicher Disziplinen mit Lehrern und Lehrerinnen geisteswissenschaftlicher Fächer und Fachkombinationen zusammenfinden. Projekte dieser Art lassen sich durchaus auch im Zuge einer schulinternen Fortbildung zur OE entwickeln, in deren Rahmen eigene Kompetenzen ergänzt werden.

Vermittlungsmethoden und Unterrichtsthemen

Die vorgelegten Materialien sind keine Stundenentwürfe. Sie müssen in Unterrichts- oder Lerneinheiten überführt werden. Sie sind keine Kopiervorlagen. Es sind Anregungen. Sie fordern auf, sich selbst Gedanken zu machen. Die Hoffnung ist, dass Lehrer/innen und Schüler/innen Anhaltspunkte vorfinden, die zur Entdeckung von

Gestaltungsaufgaben in ihrer »Arbeitswelt« – Schule und Unterricht – führen und Ideen für erfolgreiches Handeln entwickeln helfen.

Dabei können und sollen weitere Materialien auch von den Schüler/innen selbst »produziert« werden. Hierdurch soll entdeckendes und kreatives Lernen unterstützt werden. Im entdeckenden Lernen ist der Aufbau der Problemlösungssituation entscheidend. Ziel ist es, die Lernenden nicht zum passiv-aufnehmenden, sondern zum aktiven, problemlösenden Lernen zu motivieren. Die Lernsituationen müssen so strukturiert sein, dass sie Prozesse selbstständiger Informationsverarbeitung initiieren. Entdeckendes Lernen bezieht sich auf die Entwicklung von Problemlösungsstrategien, wobei die Bildungsmaterialien Hilfen zur Aneignung dieser Lernstrategien bereitstellen sollen.

Platz für kreatives Lernen zu schaffen beinhaltet die Forderung, dass die Lernenden Zeit finden, eine Idee zu entwickeln, zu verfolgen und sie zu verteidigen. Der Mut zum Umstrukturierten, Komplexen, Ungelösten, zur Unsicherheit und Offenheit ist zu fördern. Es gibt nie eine »richtige« Lösung, sondern in der Regel mehrere »angemessene« Lösungen.

Das vorliegende Buch zur Gestaltung der Schule und des Unterrichts ist daran orientiert, Lehrer/innen und Schüler/innen Tipps zum Beobachten, Erforschen und Verändern der schulischen Wirklichkeit zu geben. Wer tiefer in das Thema einsteigen will, kann sich mittlerweile über vielfältige Textquellen intensiv informieren. Wer sich kritisch-konstruktiv mit seinem Schulalltag beschäftigt und nachhaltig eingefahrene Bahnen verlassen will, sollte nicht nur über seine Schule, er oder sie sollte sich über das Schulsystem informieren, grundlegende Vorstellungen von der Verknüpfung zwischen diesem und anderen gesellschaftlichen Teilsystemen erwerben, bildungspolitische Ideale formulieren, detaillierteres Wissen über Strukturen und Prozesse in Organisationen erwerben und lernen, wie Schulentwicklung gefördert werden kann sowie welche Hindernisse oder Widerstände es zu überwinden gilt. Die in diesem Heft gesammelten Texte legen vielfach solche vertiefende Reflexion nahe. Unsere Bitte an die Autorinnen und Autoren war es jedoch, Unterrichtsmaterialien, Hinweise und Anregungen für die Praxis, genauer: für einen Einstieg in gemeinsam mit Schülern zu verändernde Praxis zu liefern. Wir wünschen uns, dass mit dem hier vorgelegten Material experimentiert und die Arbeit mit Schüler/innen erprobt wird. Für Berichte aus der Praxis, Hinweise oder alternative Unterrichtsideen sind wir dankbar: http://www.beltz.de

Wolfgang Böttcher / Elmar Philipp

Literatur

Altrichter, H./Posch, P. (Hrsg.): Mikropolitik der Schulentwicklung. Förderliche und hemmende Bedingungen in der Schule. Innsbruck und Wien. Studien Verlag 1996
Altrichter, H./Posch, P.: Qualitätssicherung und Qualitätsentwicklung im Schulwesen. Innsbruck und Wien. Studien Verlag 1997
Altrichter, H./Schley, W./Schratz, M. (Hrsg.): Handbuch der Schulentwicklung. Innsbruck und Wien. Studien Verlag 1988
Belzer, V. (Hrsg.): Warum haben moderne Organisationen Leitbilder? München. Hampp 1995
Bildungskommission NRW: Zukunft der Bildung – Schule der Zukunft. Neuwied, Kriftel, Berlin 1995
Buchen, H./Horster, L./Rolff, H.-G. (Hrsg.): Schulleitung und Schulentwicklung. Berlin. Raabe 1995ff.
Dalin, P./Rolff, H.-G./Buchen, H.: Institutionelles Schulentwicklungsprogramm. Ein Handbuch. Bönen. Kettler 1995
Doppler, K./Lauterburg, Ch.: Change Management. Den Unternehmenswandel gestalten. Frankfurt/New York. Campus 1994
Fatzer, G. (Hrsg.): Organisationsentwicklung und Supervision: Erfolgsfaktoren bei Veränderungsprozessen. Köln. Edition Humanistische Psychologie 1996
Journal Schulentwicklung. Studienverlag (Innsbruck und Wien) 1997ff.
Kempfert, G./Rolff, H.-G.: Pädagogische Qualitätsentwicklung. Ein Arbeitsbuch für Schule und Unterricht. Weinheim und Basel. Beltz 1999
König, E./Volmer, G.: Systemische Organisationsberatung. Grundlagen und Methoden. Weinheim. Deutscher Studien Verlag 1993
Landesinstitut für Schule und Weiterbildung (Hrsg): Evaluation und Schulentwicklung. Bönen. Kettler 1995
Müller, S.: Schulentwicklung und Schülerpartizipation. Neuwied 1996
Neuberger, O.: Personalentwicklung. Stuttgart. Enke 1991
Philipp, E.: Gute Schule verwirklichen. Ein Arbeitsbuch mit Methoden, Übungen und Beispiele der Organisationsentwicklung. Weinheim und Basel. Beltz 1992
Philipp, E.: Teamentwicklung in der Schule. Konzepte und Methoden. Weinheim und Basel. Beltz 1996
Philipp, E./Rolff, H.-G.: Schulprogramme entwickeln. Weinheim. Beltz 1998
Risse, E. (Hrsg.): Schulprogramm-Entwicklung und Evaluation. Neuwied. Luchterhand 1998
Rolff, H.-G.(Hrsg.): Manual Schulentwicklung. Weinheim und Basel. Beltz 2. Aufl. 2000
Rolff, H.-G.: Wandel durch Selbstorganisation. Theoretische Grundlagen und praktische Hinweise für eine bessere Schule. Weinheim und München. Juventa 1993
Schratz, M.: Die Rolle der Schulaufsicht in der autonomen Schulentwicklung. Wien. Studien Verlag 1996
Schulz von Thun, F.: Miteinander Reden. 2 Bde. Reinbek. Rowohlt 1981ff.
Senge, P.M.: Die fünfte Disziplin. Kunst und Praxis der lernenden Organisation. Stuttgart. Klett-Cotta 1996
Strittmatter, A.: An gemeinsamen Leitideen arbeiten. Sempach. Palch o.J.
Video: Die Stille Revolution. Bertelsmann-Stiftung, Gütersloh 1996.

Danksagung

Die Idee zu dieser Publikation ist im Kontext eines größeren Projektes des Deutschen Gewerkschaftsbundes (DGB) entstanden. Es geht in diesem Projekt darum, Unterrichtsmaterialien zu erstellen, die Schülerinnen und Schüler mit Entwicklungen der modernen Arbeitswelt vertraut machen sollen. Der Bezug zur Arbeitswelt, so der häufig zu Recht geäußerte Vorwurf, komme in der Schule viel zu kurz. Schnell wurde den Kolleginnen und Kollegen des Projektes klar, dass man die Schule als den aktuellen Arbeitsplatz der Schüler begreifen kann. Will man ihnen die Bedeutung aktiver Teilnahme an Entwicklungen der Arbeitswelt verdeutlichen, dann sollte der aktuelle Arbeitsplatz im Zentrum von gestaltenden Aktivitäten stehen.
Die Projektgruppe ging davon aus, dass junge Menschen interessiert und engagiert sind, wenn man ihnen Handlungsfelder eröffnet. Diese Unterrichtsmaterialien wollen Schülerinnen und Schülern sowie Lehrerinnen und Lehrern helfen, den eigenen Arbeitsplatz zu erforschen und zu verändern. Die allgemeine schulpolitische »Stimmung« fordert dies geradezu. Die Schule der Gegenwart ist »out of time«: »Denkt Schule neu, nehmt euren Auftrag in eure eigenen Hände!« lautete unser gemeinsamer Appell.
Diese Einleitung in unsere Materialien verdankt deshalb auch einige ihrer Ideen, vielleicht sogar die eine oder andere Formulierung den Kolleginnen und Kollegen der Projektrunde. Wir danken ihnen und insbesondere den DGB- Kollegen Joachim Koch-Bantz und Ulrich Nordhaus, dass wir die Gelegenheit erhielten, diese Publikation außerhalb der geplanten Unterrichtsreihe »Gewerkschaftliche Unterrichtshilfen zur Arbeitslehre« publizieren dürfen. Auch für eine finanzielle Unterstützung des DGB bedanken wir uns herzlich.

Karl-Oswald Bauer

Teamunterricht

Materialien zur Teamentwicklung

Das Materialpaket besteht aus neun Teilen, und zwar aus Leittexten und Übungen. Die Leittexte enthalten eine Einführung in das Thema und Denkmodelle hierzu. Die Übungen dienen der praktischen Umsetzung, also der Förderung von Gruppen- und Teamarbeit. Die Leittexte sind an die Lehrperson gerichtet, können jedoch auch weiterverarbeitet und an Schüler weitergegeben werden. Die Übungen sind auf die Zielgruppe Sekundarschüler ausgerichtet. Ausgegangen wird von der Grundüberlegung, dass es möglich ist, Teamarbeit selbst zum Gegenstand und zur Methode des Unterrichts zu machen und mit Schülerinnen und Schülern schrittweise einzuüben. Dabei werden Methoden der Teamentwicklung aus Industrie, Dienstleistung und Fortbildung übernommen und didaktisch aufbereitet. Da Teamarbeit auch von Lehrkräften am besten selbst erfahren und ausprobiert wird, enthält das Materialpaket auch Hinweise auf Teamarbeit unter Lehrkräften und innerhalb der Schulleitung.

1. Leittext: Gruppe, Team und Teamentwicklung
2. Leittext: Methoden der Teamentwicklung
3. Übung »Ungeschriebene Gesetze in meiner Lerngruppe«
4. Übung »Sich selbst Regeln geben«
5. Leittext: Phasen der Teamentwicklung
6. Übung »Die Teamkiller«
7. Übung »U-Prozedur«
8. Übung »Was ist ein gutes Team?«
9. Fragebogen zur Gruppenprozessanalyse

1. Leittext: Gruppe, Team und Teamentwicklung

Nicht jede Ansammlung von Menschen ist eine soziale Gruppe. Eine Gruppe lässt sich sozial- und organisationspsychologisch definieren als begrenzte Anzahl von Individuen,

- die miteinander auf Dauer in Interaktion stehen,
- einander bewusst und gewahr sind,
- sich als Gruppe verstehen und wahrnehmen,
- sich in Verhalten und Arbeitsleistung gegenseitig beeinflussen.

Zur Unterscheidung von Gruppen können weitere Merkmalspaare verwendet werden, z.B.: *formale – informale Gruppe, interagierende – konteragierende Gruppe.* Formale Gruppen werden von der Organisationsleitung gebildet, informale Gruppen entstehen auf Betreiben der Mitglieder und dienen der Befriedigung vor allem sozialer Bedürfnisse, die sonst in der Arbeitsrolle unbefriedigt bleiben. Interagierende Gruppen sind Gruppen, deren Mitglieder voneinander abhängen und eine gemeinsame Aufgabe ausführen, konteragierende Gruppen sind Gruppen, deren Mitglieder z.T. entgegengerichtete Ziele haben und miteinander verhandeln und Kompromisse schließen. Wichtig ist auch die Unterscheidung zwischen zwei Arten der Konformität von Gruppenmitgliedern: Konformität auf Grund von Gruppendruck und -erwartungen und Konformität auf Grund von persönlicher Einwilligung in Gruppennormen.

Gruppen haben Ziele, die mit den Zielen der einzelnen Mitglieder meist nur zum Teil übereinstimmen. Gruppen haben eine Führungsstruktur, in der oft neben einem formalen ein informaler Führer Einfluss ausübt. Der informale Führer ist dabei meist eher für die sozial-emotionale Seite der Bedürfnisse von Gruppenmitgliedern zuständig, während der formale Führer sich auf die Arbeitsaufgabe konzentriert.

Gruppen sind Individuen keineswegs auf allen Gebieten überlegen. Und nicht alle Individuen entfalten ihr Leistungspotenzial in Gruppen eher als in Einzelarbeit. Es bedarf einer sorgfältigen Analyse der jeweiligen Bedingungen, bevor entschieden werden kann, ob eine Aufgabe besser von Gruppen oder von Einzelpersonen bewältigt werden kann. Positive Forschungsergebnisse zur Gruppenarbeit sind vor allem aus den Dimensionen Arbeitszufriedenheit, arbeitsbedingte Erkrankungen und Fernbleiben vom Arbeitsplatz bekannt.

Im Zusammenhang mit Organisations- und Personalentwicklungsstrategien sind in den letzten Jahren vor allem drei Typen von Gruppen genauer beschrieben und praktisch erprobt worden: Qualitätszirkel/Lernstatt/Arbeitsteam.

Qualitätszirkel sind Gruppen von sechs bis zwölf Mitarbeitern, die sich regelmäßig (1–2 Stunden pro Woche) treffen, um unter der Leitung eines Moderators über Probleme zu diskutieren und Verbesserungsvorschläge für ihre Arbeit zu entwickeln.

Lernstattgruppen sind Gruppen von acht bis zwölf Mitarbeitern mit je zwei Moderatoren, die sich zur Lösung eines bestimmten fachlichen oder sozialen Problems bilden und versuchen, durch Lernprozesse unmittelbar am Arbeitsplatz neue Formen der Problembearbeitung zu finden. Im pädagogischen Bereich sind dieser Kategorie von Gruppen wohl am ehesten die Copinggruppen und Selbstlerngruppen zuzuordnen. In diesen Gruppen begegnen Pädagogen einander, die sich beruflich weiterentwickeln wollen, aber nicht kontinuierlich in einem gemeinsamen Handlungsfeld miteinander interagieren.

Teams sind eine Sonderform interagierender Gruppen, die in der Praxis seltener vorkommen, als oft angenommen wird. Wir sollten auf keinen Fall jede am Arbeitsplatz entstehende und formal definierte Gruppe sogleich als Team bezeichnen. Wir müssen als Pädagogen und Berater auch in jedem Einzelfall überlegen, ob aus einer sozialen Gruppe am Arbeitsplatz ein Team werden kann und soll. Eine soziale Gruppe kann dann als Team bezeichnet werden, wenn sie folgende Merkmale hat: Mehrere Personen arbeiten gemeinsam an einer aus Teilaufgaben bestehenden Arbeitsaufgabe, um von allen akzeptierte Ziele zu erreichen. Sie arbeiten auf Dauer unmittelbar, also in Interaktionen von Angesicht zu Angesicht zusammen und fühlen sich als Gruppe. Steuergruppen können Teams sein, wahrscheinlicher ist aber, dass es sich – zunächst – um konteragierende Gruppen handelt, weil nur ein Teil der Ziele von allen akzeptiert wird. Projektgruppen dagegen sollten Teams sein oder werden.

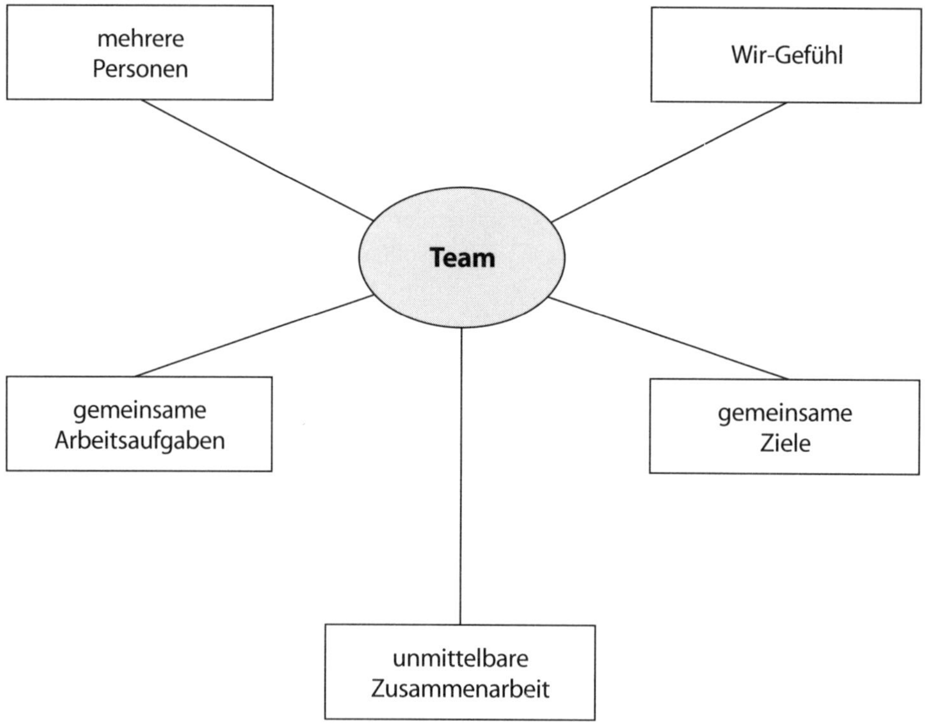

Abbildung 1: Merkmale eines Teams

Diese Differenzierungen waren bisher noch recht allgemein gehalten. Sie treffen mehr oder weniger auf alle Typen von Gruppen in Organisationen zu. Beziehen wir diesen Begriffsapparat nun auf die Organisation Schule, werden viele Fragen laut:

- Welche Formen von Arbeits- und Lerngruppen gibt es unter Lehrern und Schülern?
- Wo gibt es in der Schule echte Teams?
- Wie können die verschiedenen Gruppen durch Beratung gefördert werden?
- Sind Methoden und Instrumente der Teamentwicklung nur für Teams geeignet oder auch für andere Arbeitsgruppen?

Noch etwas konkreter gefragt:

- Kann aus einer Steuergruppe ein Team werden?
- Sind Schulleitungsgremien Teams oder können sie es werden?
- Sind Projektgruppen im Unterricht und in Arbeitsgemeinschaften Teams?
- Sind Selbstlerngruppen Teams?
- Sind Fachkonferenzen Teams?
- Sind jahrgangsstufenbezogene Lehrergruppen Teams?

Die wichtigsten Instrumente der Teamentwicklung sind:

- Feed-back,
- Prozessanalyse,
- Normenvereinbarung.

Eine interessante Frage ist, ob diese Instrumente auch geeignet sind, um konteragierende Gruppen oder Lernstattgruppen zu fördern. Denken Sie bitte über das Für und Wider bezogen auf konkrete Gruppen, die Sie kennen, nach.

Eine Aufgabe der Teamentwicklung besteht darin, Teams dabei zu unterstützen, eine Kultur der Zusammenarbeit zu entwickeln, in der Feed-back üblich ist, in der der Gruppenprozess selbst von der Gruppe beobachtet und gesteuert wird.

Feed-back: Hier gelten die allgemein bekannten Definitionen, Regeln und Methoden aus der Kommunikationsforschung.

Prozessanalyse: Die Gruppe analysiert und bewertet den Gruppenprozess regelmäßig mit Methoden der schriftlichen Befragung, durch Ein-Punkt-Abfragen, Stimmungsbarometer und expressive Verfahren.

Normenvereinbarung: Die Gruppe gibt sich Regeln für die gemeinsame Arbeit.

Beispielsweise:

- Es redet immer nur einer.
- Zu Beginn jeder Sitzung wird eine Tagesordnung gemacht, zu der alle beitragen.
- Kein Redebeitrag darf länger als zwei Minuten dauern.
- Die Teilnehmer formulieren Ich-Aussagen.
- Jede Sitzung endet mit einer Prozessanalyse und einem Feed-back an den Moderator.

Literatur

Besemer, I./Dürr, P./Frank, A./Gairing, F./Riedl, A./Weikinnis, H./Wenzel, H.: Team(s) lernen Team Arbeit. Lernkonzepte für Gruppen- und Teamarbeit. Weinheim 1998 (Dieses Buch enthält wissenschaftlich aufbereitete Erfahrungsberichte über Teamentwicklungsprozesse in deutschen Großunternehmen, außerdem eine ausgezeichnete kommentierte Liste von Arbeitsmaterialien für die Teamentwicklung.)

Philipp, E: Teamentwicklung in der Schule. Konzepte und Methoden. Weinheim/Basel 1996 (enthält eine gut geschriebene, verständliche und interessante Einführung, viele Übungen und Instrumente und eine informative weiterführende Literaturliste).

Weinert, A.B.: Lehrbuch der Organisationspsychologie. Weinheim, 3. Aufl. 1992. (Ein wissenschaftliches Standardwerk mit einem guten Überblick über Forschungsergebnisse zum Thema »Gruppen in Organisationen«)

Geißler, K./v. Landsberg, G./Reinartz, M. (Hrsg.): Handbuch Personalentwicklung und Training. Ein Leitfaden für die Praxis. Köln 1990ff. (Eine ausgezeichnete Praxishilfe)

Wahl, D. u.a.(Hrsg.): Erwachsenenbildung konkret. Mehrphasiges Dozententraining. Weinheim 3. Auflage 1993 (informiert über Copinggruppen für Lehrende)

2. Leittext: Methoden der Teamentwicklung

Basisinstrumente der Teamentwicklung sind
- Feed-back,
- Normenvereinbarung,
- Prozessanalyse.

Zu jedem dieser Basisinstrumente gibt es eine große Zahl von Methoden und Techniken. Insbesondere kommen die folgenden Obergruppen von Methoden infrage:
- Moderationsmethoden (Decker 1994),
- Methoden des sozialen Lernens (Fritz 1993),
- Methoden der Gesprächsführung (Decker 1994),
- Übungen zur mentalen Fitness und zur Gruppenanimation (Decker 1994, Rabenstein/Reichel 1993).

In den genannten Büchern sind Hinweise auf weitere Methodenbücher enthalten. Zu den Methoden des sozialen Lernens gehören Selbst- und Fremdbildabfragen, die Arbeit am Johari-Fenster, Wahrnehmungsübungen, Methoden der Simulation und des Rollenspiels sowie Soziodrama und Psychodrama. Übungen zur mentalen Fitness und zur Animation habe ich mit aufgenommen, weil es viele empirische Belege dafür gibt, dass körperliche Bewegung einen positiven Einfluss auf Motivation, Wohlbefinden und Aktivität hat.

Ich plädiere dafür, Methoden der Teamentwicklung auf der Grundlage einer Bestandsaufnahme der Ausgangssituation jeweils für ein ganz bestimmtes Team maßzuschneidern.

Für den Einstieg gut geeignet sind Varianten der Übung »Teammerkmale« oder der Übung »Teamkiller«. Diese Übungen können auch gut miteinander kombiniert werden, am besten in der Reihenfolge »Teamkiller« – »Teammerkmale«. Zur Vertiefung der Diagnose eignen sich: Arbeit mit der Teamentwicklungsuhr, Fragebogen, projektive Verfahren (aber Vorsicht!) und »Do's and Don'ts«. Teamentwicklung kann durch externe Berater unterstützt werden.

Externe Berater haben dabei vor allem vier Rollen einzunehmen:
- *Trainerrolle:* Die Berater vermitteln der Gruppe durch Vormachen und Einüben Methoden und Techniken sowie die dazu gehörenden Grundhaltungen.
- *Beobachterrolle:* Die Berater nehmen beobachtend an Gruppensitzungen teil und geben auf Wunsch Feed-back.
- *Wissenschaftlerrolle*: Die Berater informieren über Forschungsergebnisse zur Teamentwicklung und schlagen Methoden der Datenerhebung und -auswertung vor.
- *Konfrontiererrolle*: Die Berater konfrontieren Teilgruppen und Fraktionen mit Ergebnissen der Bestandsaufnahmen und organisieren Konfrontationstreffen und Dialoge.

Zur Gruppenprozessanalyse sind Fragebogen geeignet (Übung hierzu mit Fragebogenbeispiel findet sich am Ende dieses Materialpakets) sowie vor allem auf Packpapier gezeichnete Poster mit Einpunktfragen zur Zufriedenheit, Stimmung, Energie, Interesse an der Gruppenarbeit, Bewertung der Moderation usw. Auch hierzu sind Beispiele auf den nächsten Seiten aufgeführt.

Literatur

Decker, F.: Team Working. Gruppen erfolgreich führen und moderieren. München 1994
Fritz, J.: Methoden des sozialen Lernens. Weinheim/München, 3. Aufl. 1993
Philipp, E.: Teamentwicklung in der Schule. Konzepte und Methoden. Weinheim/Basel 1996
Rabenstein, R./Reichel, R.: Großgruppenanimation. Lernen und Spielen in großen Gruppen. Münster, 6. Aufl. 1993

3. Übung: Ungeschriebene Gesetze in meiner Lerngruppe »Do's and Don'ts«

Exemplarisch gebe ich jetzt die Übungsanweisung für *Do's and Don'ts.* Nachstehend finden Sie eine Liste von ungeschriebenen Gesetzen. Schätzen Sie bitte ein, was die meisten Schülerinnen und Schüler in Ihrer Klasse, Ihrer Lerngruppe, Ihrer Arbeitsgruppe dazu meinen. Also geben Sie nicht Ihre eigene Meinung, sondern die von Ihnen vermutete Mehrheitsmeinung wieder! Entscheiden Sie vorher, ob die Aussagen sich auf Ihre Klasse, eine bestimmte Lerngruppe oder auf ein einzelnes Arbeitsteam beziehen sollen. Geben Sie jedem Mitglied der Klasse oder Lerngruppe einen Fragebogen und bitten Sie darum, diesen allein auszufüllen. Im Anschluss werden die Ergebnisse ausgetauscht, zusammengeführt und diskutiert. Zuerst erfolgt eine Grundauszählung, die Sie beispielsweise auf einem Poster präsentieren können. Auf diese Weise wird das Gruppenergebnis sofort sichtbar. Erkennbar wird auch, wo Gruppenmitglieder in ihrer Einschätzung übereinstimmen und wo sie stark streuen. Die anschließende Diskussion über die Ergebnisse kann mit einer Bewertung der gegenwärtigen Situation verbunden werden. Dies kann zu einer Normenvereinbarung führen, also zu »geschriebenen Gesetzen«.

Tabelle 1: Ungeschriebene Gesetze

Aussage	erwünscht	nicht erwünscht
1. Gefühle können in dieser Gruppe/dieser Klasse offen gezeigt werden.		
2. Man kann den Mitschülern offen sagen, was man über ihre Arbeit denkt.		
3. In dieser Gruppe/Klasse kann man jeden fragen, wenn man etwas nicht weiß.		
4. Streit und Konflikten wird in dieser Gruppe/dieser Klasse aus dem Weg gegangen.		
5. Bewährtes wird infrage gestellt.		
6. Die Lehrer lassen abweichende Meinungen zu.		
7. Die sachliche Auseinandersetzung hat eindeutig Vorrang vor persönlichen Gefühlen.		
8. Neue Ideen werden zur Kenntnis genommen, auch wenn sie verrückt erscheinen.		
9. Jeder kann andere Schülerinnen und Schüler fragen, was sie von der eigenen Arbeit halten.		
10. Im Allgemeinen behält jeder seine Gedanken für sich.		
11. Vertrauen wird hier groß geschrieben.		
12. In dieser Gruppe/dieser Klasse herrscht eine gesunde Skepsis.		
13. Fehler anderer werden hervorgehoben, um selbst besser dazustehen.		
14. Hier können neue Wege ausprobiert werden, auch wenn der Erfolg nicht sicher ist.		
15. Bei Fragen, wie die Gruppe/Klasse geleitet wird, kann jeder mitsprechen.		

4. Übung: Sich selbst Regeln geben – Übung zur Normenvereinbarung

Im Anschluss an die letzte Übung können Normen für die eigene Klasse, Lerngruppe oder das Arbeitsteam vereinbart werden. Dazu können Sie wie folgt vorgehen:

1. Sammeln Sie Vorschläge für Regeln in der Lerngruppe/Klasse. Geben Sie dabei vor, dass die Regeln möglichst positiv und in kurzen Sätzen formuliert werden, beispielsweise: Immer, wenn ein bestimmtes Zeichen gegeben wird, werden Gespräche und Aktivitäten eingestellt und in Richtung Lehrperson geblickt.
2. Lassen Sie die Vorschläge zunächst aufschreiben und stellen Sie eine Liste von nicht mehr als zehn Regeln zusammen, die Sie mit den Lernenden gemeinsam auf Poster schreiben und an die Wand hängen.
3. Reduzieren Sie die Anzahl der Regeln durch Punkte auf fünf bis sechs. Etwa so: Jeder Lernende bekommt drei Punkte und kann die Regeln durch Punkte kennzeichnen, die ihm am wichtigsten sind.
4. Bewahren Sie die restlichen Regeln zunächst noch auf.
5. Redigieren Sie die fünf bis sechs wichtigsten Regeln noch einmal gemeinsam mit den Lernenden und schreiben Sie sie so auf, dass sie dauerhaft an eine Wand des Klassenraums oder Fachraums gehängt werden können.
6. Überprüfen Sie die Regeln von Zeit zu Zeit in Kreisgesprächen mit den Lernenden daraufhin, ob Sie als sinnvoll angesehen und ob sie eingehalten werden.
7. Überarbeiten Sie die Regeln fortlaufend.
8. Im Folgenden finden Sie ein Beispiel für Arbeitsregeln in einer Lernumgebung, in der häufig projektförmige Kleingruppenarbeit stattfindet, sowie ein Beispiel für Arbeit in Gruppen mit einem Schülermoderator.

Regeln für die Zusammenarbeit
1. Während der Kleingruppenarbeit kann gesprochen werden, solange es Nachbargruppen nicht stört. 2. Der Unterricht beginnt mit dem Ruhezeichen. 3. Materialien für die Gruppenarbeit werden in Archivboxen in Regalen aufbewahrt. 4. Jede Gruppe hat einen eigenen Platz im Regal. 5. Am Ende der Gruppenarbeitsphase werden Materialien weggeräumt und in den Regalen verstaut. 6. Der Unterricht endet mit dem Ruhezeichen.

Abbildung 2: Beispiel für Regeln (Unterricht, Kleingruppenarbeit)

Regeln für die Arbeit in der Moderationsphase
1. Die Gruppe wählt einen Moderator. 2. Der Moderator sorgt dafür, dass immer nur einer spricht und die Gruppe beim Thema bleibt. 3. Der Moderator leitet das Gespräch, trägt selbst aber zum Inhalt nicht bei. 4. Der Moderator verhält sich bei Streitigkeiten neutral und sorgt dafür, dass beide Parteien zu Wort kommen. 5. Während der Gruppenarbeit wird ein Simultanprotokoll auf Postern erstellt. 6. Nach der Gruppenarbeit wird das Simultanprotokoll dokumentiert und gesichert.

Abbildung 3: Beispiel für Regeln (Moderation)

5. Leittext: Phasen der Teamentwicklung

Gruppen und somit auch Teams haben eine eigene Geschichte, ihre eigene Entwicklungsdynamik, sie wachsen und verändern sich, bilden Strukturen aus und verwerfen sie wieder. Obwohl jede Gruppe ihr unverwechselbares Profil hat, gibt es doch bestimmte Gesetzmäßigkeiten der Teamentwicklung. In der Forschung wurden immer wieder Belege dafür gefunden, dass die meisten Gruppen in ihrer Entwicklung eine Abfolge von Phasen durchlaufen, die sich idealtypisch so beschreiben lassen (vgl. Philipp 1996, S. 29ff.): Ich habe die Aufgaben auf der Inhalts- und auf der Beziehungsebene so näher beschrieben, dass deutlich wird, welche besonderen Probleme Organisationsentwicklungsteams wie Steuergruppen, Projektgruppen, Initiativgruppen u.Ä. vermutlich haben.

Tabelle 2: Phasen der Teamentwicklung

Phase	Inhaltsebene	Beziehungsebene
Forming	Was ist die Aufgabe der Gruppe? Klärung der Aufgabe oder Suche nach einer Aufgabe.	Wer hat welche Position? Wer leitet? Wer moderiert? Wo ist Unterstützung zu erwarten? Von wem sind wir abhängig? Was wird von uns erwartet?
Storming	Kritik an der Aufgabenstellung; Widerstand gegen die Aufgabe.	Untergruppen bilden sich. Wer ist mein Freund? Wer ist mein Feind? Wer erkennt meine Bemühungen an? Wer gibt Sicherheit?
Norming	Austausch von Informationen über die Aufgabenstellung; Klärung unterschiedlicher Interpretationen; »Maßschneidern« von Handlungsplänen.	Wer hat welche Rolle? Welche Normen vereinbaren wir? Wie werden Konflikte bearbeitet? Beteiligung am Gruppengeschehen; Entstehen eines Wir-Gefühls.
Performing	Arbeiten an der Aufgabe; Auftauchen von Lösungen; Arbeit in Projekten; Erfolge in konkreten Projekten.	Rollenverteilung ist abgeschlossen; die Gruppe ist strukturiert; Konflikte werden produktiv bearbeitet; die Mitglieder kooperieren; informelle Kontakte klappen.

In der ersten Phase (Forming, Testphase) versucht jedes Gruppenmitglied herauszufinden, in welcher Beziehung es zu der Gruppe steht. Außerdem wird hier versucht, die Aufgabe zu klären. In der zweiten Phase (Storming, Nahkampf) wird darum gestritten, wer Kontrollfunktionen in der Gruppe ausübt, welche Normen gelten sollen und wer das Recht hat, an Normen zu erinnern. Es kommt zur Bildung von Untergruppen und zu Fraktionskämpfen. In der dritten Phase (Norming) sind Regeln vereinbart, Grenzen gezogen und Positionen geklärt. Die Gruppenmitglieder wollen sich jetzt auf die Aufgabe konzentrieren und bemühen sich um Kooperation. In der vierten Phase (Performing, Reifephase) hat jedes Gruppenmitglied seine Position, Rolle und Aufgabe gefunden. Es leistet einen unverwechselbaren Beitrag zur Gruppenarbeit und pflegt informelle Kontakte zu anderen Gruppenmitgliedern. Die Gruppenmitglieder haben Freude an der gemeinsamen Arbeit.

Das Phasenmodell ist eine Orientierungshilfe bei der Diagnose von Problemen in Arbeitsgruppen und bei der Planung von Maßnahmen zur Förderung der Teamentwicklung. In der folgenden Abbildung 4 ist es noch einmal in anderer Form, als Uhr, dargestellt. Diese »Teamentwicklungsuhr« kann auch als Diagnoseinstrument eingesetzt werden.

In der ersten Phase (Forming, Testphase) versucht jedes Gruppenmitglied herauszufinden, in welcher Beziehung es zu der Gruppe steht. Außerdem wird hier versucht, die Aufgabe zu klären. In der zweiten Phase (Storming, Nahkampf) wird darum gestritten, wer Kontrollfunktionen in der Gruppe ausübt, welche Normen gelten sollen und wer das Recht hat, an Normen zu erinnern. Es kommt zur Bildung von Untergruppen und zu Fraktionskämpfen. In der dritten Phase (Norming) sind Regeln vereinbart, Grenzen gezogen und Positionen geklärt. Die Gruppenmitglieder wollen sich jetzt auf die Aufgabe konzentrieren und bemühen sich um Kooperation. In der vierten Phase (Performing, Reifephase) hat jedes Gruppenmitglied seine Position, Rolle und Aufgabe gefunden. Es leistet einen unverwechselbaren Beitrag zur Gruppenarbeit und pflegt informelle Kontakte zu anderen Gruppenmitgliedern. Die Gruppenmitglieder haben Freude an der gemeinsamen Arbeit.

Diagnoseübung »Wie spät ist es in unserem Team?«

Legen Sie dazu jedem Mitglied der Gruppe nach einer einführenden Erläuterung eine Kopie der Teamentwicklungsuhr vor und bitten Sie darum, einen Punkt an die Stelle des Zifferblatts zu kleben, an der das Team sich seiner Einschätzung nach augenblicklich befindet. Lassen Sie danach die Punkte auf eine vorbereitete große Teamentwicklungsuhr (Poster) übertragen.

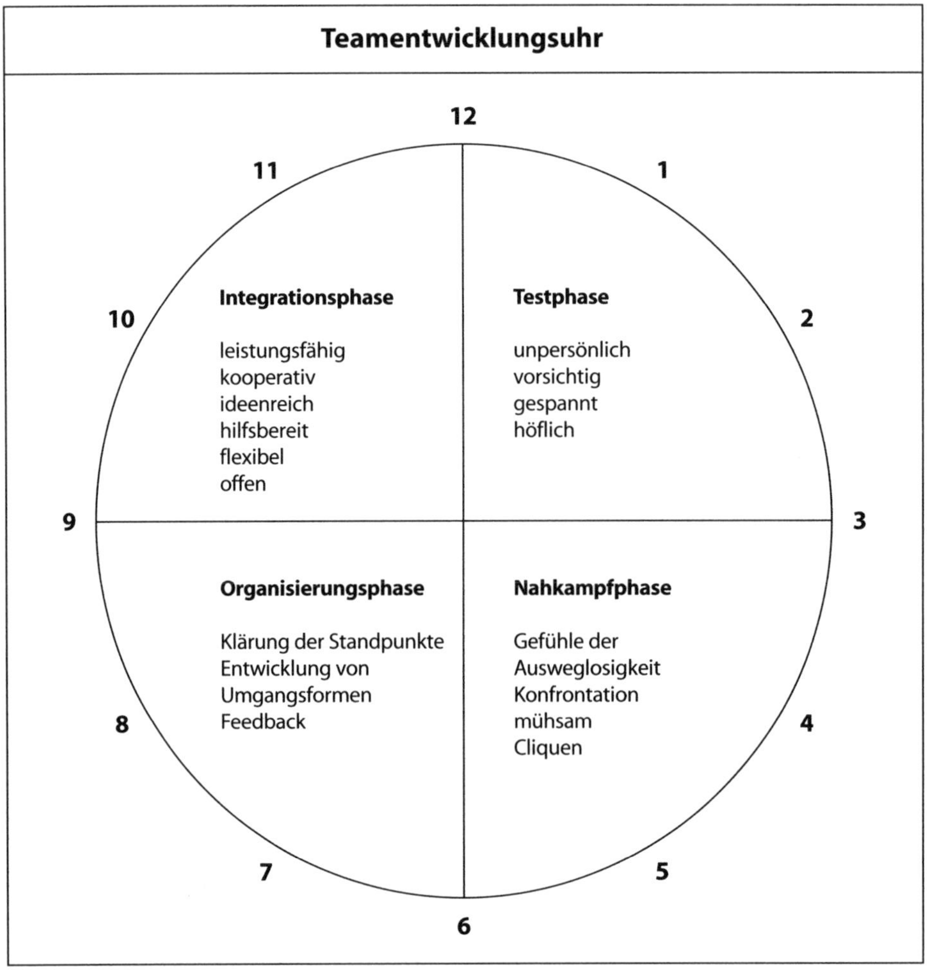

Abbildung 4: Teamentwicklungsuhr

Die Frage nach der Teamentwicklung lässt sich auch anders stellen. Was braucht eine Gruppe, um ein gutes Team zu sein oder zu werden?

Folgende Kriterien werden hier genannt:
- Die Gruppe braucht eine klare Rollen- und Aufgabenverteilung.
- Die Gruppe braucht oder gibt sich ein Ziel.
- Die Gruppe braucht Kommunikation.
- Die Gruppe braucht (wechselnde) Leitung.
- Die Gruppe braucht relative Autonomie.
- Die Gruppe braucht Unterstützung.

Die Gruppe braucht Erfolgserlebnisse.

Leistungsstarke Gruppen haben ein entspanntes, unbürokratisches Klima. Gleichgültigkeit und Langeweile treten kaum auf. Aufgaben und Ziele sind klar und finden breite Zustimmung. Die Kommunikation ist spontan, offen und horizontal. Konflikte und Meinungsverschiedenheiten werden offen ausgetragen. Entscheidungen beruhen nach Möglichkeit auf Konsens. Zu Beginn einer Aufgabe werden klare Anordnungen getroffen, die auch befolgt werden. Kritik wird ohne Angst geäußert und gelassen entgegengenommen. Gefühle werden, soweit sie die Aufgaben und Themen der Gruppe betreffen, offen gezeigt und genau beschrieben. Leitung und Führung werden sichtbar ausgeübt und, soweit dies möglich ist, weitergegeben, sodass alle Mitglieder je nach Aufgabenschwerpunkt mehr oder weniger stark an der Leitung beteiligt sind. Die leistungsstarke Gruppe arbeitet an sich selbst und steht sich selbst kritisch bewertend gegenüber.

Literatur

Buhren, C.G./Rolff. H.-G. (Hrsg.): Fallstudien zur Schulentwicklung. Zum Verhältnis von innerer Schulentwicklung und externer Beratung. Weinheim/München 1996

Philipp, E.: Teamentwicklung in der Schule. Konzepte und Methoden. Weinheim/Basel 1996

6. Übung: »Die Teamkiller« (Übungsanweisung)

Die Übung wird in Kleingruppen mit vier bis sechs Mitgliedern durchgeführt. *Dauer*: 30 Minuten plus 15 Minuten für die Präsentation im Plenum.
Aufgabe: Bringen Sie zunächst in Einzelarbeit in fünf Minuten fünf Vorschläge zu Papier, wie Teamarbeit in innerschulischen Projektgruppen möglichst wirksam verhindert werden kann.
Beispiele (Diese Regeln stammen aus dem prallen Leben und wurden oft mit Misserfolg angewendet):

1. Ertrage keine Pause!
2. Kümmere dich nicht um die Ziele der anderen!
3. Halte in jeder Sitzung drei mindestens fünfminütige Monologe!
4. Überrede und dränge die anderen zu bestimmten Aufgaben!
5. Teams sind nicht da, um sich in ihnen wohl zu fühlen.

Tauschen Sie dann in der Gruppe Ihre Vorschläge aus und erarbeiten Sie einen Katalog von sechs Vorschlägen für Normen zur Verhinderung von Teamarbeit, die Sie *als Gruppe* machen und dem Plenum auf einem Poster präsentieren. Schreiben, malen oder zeichnen Sie Ihre Vorschläge auf ein Poster. (Im Anschluss werden die Poster im Plenum besprochen; außerdem wird ein Papier mit den nachstehenden zehn Minusregeln verteilt.)

Zehn Minusregeln

1. Rede nie von dir selbst, bleib sachlich und ernst!
2. Rede in jede Pause hinein!
3. Gerechtigkeit ist nicht zu erreichen, sei ungerecht!
4. Ignoriere Konflikte in der Gruppe!
5. Erzähle eine Anekdote nach der anderen!
6. Greife nie in das Gruppengeschehen ein!
7. Fühle dich immer persönlich angegriffen und antworte mit Kurzreferat!
8. Gehe zum Lachen in den Keller!
9. Erteile ungefragt, aber heftig Ratschläge!
10. Scheue dich nie, Gesprächsteilnehmer zu korrigieren und zu unterbrechen!

Aus: Knoll, J.: Kleingruppenarbeit. Anregen und zentrieren. In: Pädagogik, Heft 6 (1995)

7. Übung: »Die U-Prozedur«-Übungsanweisung

Die Übung wird in drei Kleingruppen von acht bzw. sechs Mitgliedern durchgeführt. Sie erfordert 45 Minuten Zeit für die Arbeit in der Kleingruppe. Danach werden Ergebnisse im Plenum vorgestellt.

Auch für die Teamentwicklung gilt: Keine Intervention ohne Diagnose. Oder: Keine Lösung ohne Lösungsaufschub. Diese Anweisung kann in eine Methode umgesetzt werden, die als U-Prozedur bezeichnet wird. Die U-Prozedur besteht aus sieben Schritten, die in der nachstehenden Abbildung kurz beschrieben werden.

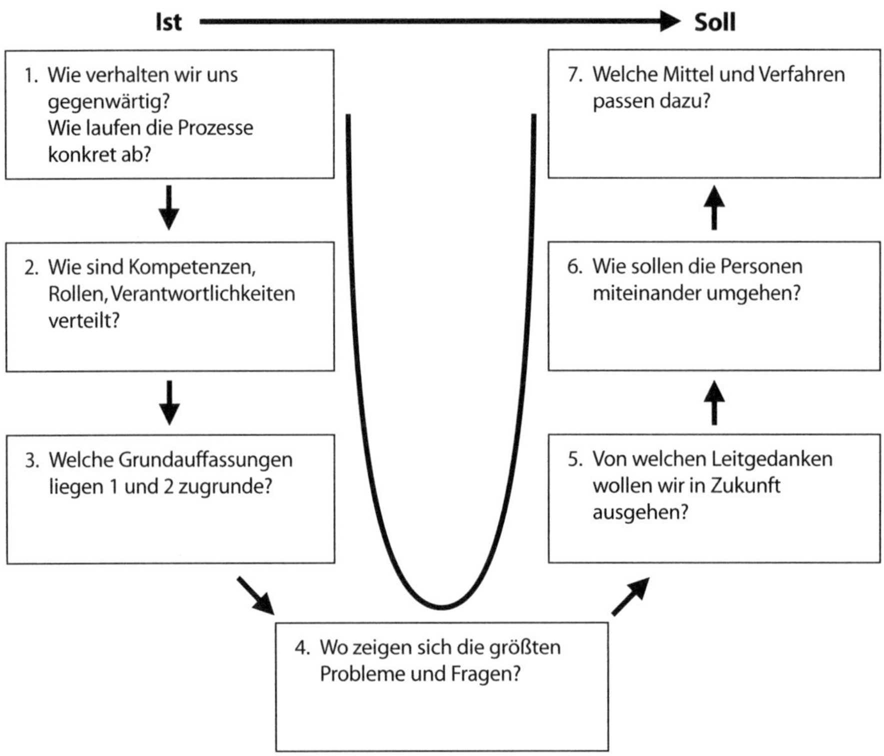

Abbildung 5: U-Prozedur

Gehen Sie bei der Arbeit mit der U-Prozedur von alltäglichen Kooperationsproblemen aus. Beispiele:

- Der Unterrichtsbeginn macht Probleme.
- Ein Teil der Lerngruppe wirkt passiv und unbeteiligt.
- Lernmaterialien werden nicht mitgebracht.
- Häufige Konflikte in der Lerngruppe.

8. Übung: »Was ist ein gutes Team?«

Erstellen Sie einen Satz von dreißig Aussagen, die auf Karten geschrieben werden. Kopieren Sie so viele Kartensätze, wie Sie für Ihre Lerngruppe/Arbeitsgruppe brauchen. Geben Sie jedem Gruppenmitglied einen Kartensatz und bitten Sie darum, die fünf wichtigsten Merkmale eines Teams auszuwählen. Lassen Sie dann die ausgewählten Karten an eine Pinwand hängen. Ordnen Sie die Karten nach der Häufigkeit und bilden Sie mit der Gruppe Cluster. Im Anschluss daran können Normen für die Teamarbeit vereinbart werden. Aussagen, die auf Karten geschrieben werden (je Aussage eine Karte):

Kartentexte: Was ist ein gutes Team?

1. Die Teammitglieder sind in ihrer Freizeit oft zusammen.
2. Die Teammitglieder haben eine gemeinsame Aufgabe.
3. Alle Teammitglieder haben dieselben Ziele.
4. Die Teammitglieder haben während der Arbeitszeit oft persönlichen Kontakt miteinander.
5. Die Teammitglieder mögen einander.
6. Das Team ist aus Mitgliedern mit unterschiedlichen Interessen und Fähigkeiten zusammengesetzt.
7. Im Team gibt es keine Konflikte.
8. Das Team hat ein starkes Wir-Gefühl.
9. Das Team hat einen eigenen Namen.
10. Das Team wird durch Symbole repräsentiert.
11. Jeder Einzelne im Team ist ein ausgeprägter Individualist.
12. Das Team umfasst nicht weniger als drei und nicht mehr als sechs Mitglieder.
13. Die Teammitglieder respektieren einander.
14. In Krankheitsfällen wird die Arbeit fehlender Teammitglieder vom Rest des Teams übernommen.
15. Die Teamsitzungen laufen nach festen Regeln ab.
16. Nach außen tritt das Team geschlossen auf. Meinungsverschiedenheiten werden nicht öffentlich ausgetragen.
17. Persönliche Interessen und Ziele der Mitglieder des Teams werden offen ausgesprochen.
18. Das Team spricht nur mit einer Stimme.
19. Innerhalb des Teams gibt es keine Hierarchie.
20. Für die Arbeit des Teams sind alle Mitglieder gleich verantwortlich.
21. Die Teammitglieder wählen einander frei und selbstbestimmt nach sachlichen und persönlichen Kriterien.
22. Ein gutes Team braucht einen Leiter, der in besonderer Weise verantwortlich ist.
23. Ein Team braucht einen Moderator, der von Zeit zu Zeit wechseln kann.
24. Die Mitglieder eines Teams teilen bestimmte »Grundwerte«, im Übrigen können die Ziele unterschiedlich sein.
25. Alle Teammitglieder bemühen sich um ein gesundes Arbeitsklima.
26. Das Team bemüht sich, die Arbeitsbelastung für den Einzelnen zu begrenzen.
27. Teamsitzungen finden regelmäßig statt und sind zeitlich begrenzt auf ca. zwei Stunden.
28. Das Team entwickelt im Konsens Grundregeln für die Arbeit.
29. Das Team unterstützt den Wunsch nach persönlichem Wohlbefinden und hoher Arbeitszufriedenheit.
30. Das Team bemüht sich um Freiräume für den körperlichen und emotionalen Ausgleich.

9. Fragebogen zur Gruppenprozessanalyse

Dieser Fragebogen ist ein Instrument zur Unterstützung der Teamentwicklung. Er dient der Diagnose bzw. Selbstdiagnose der Gruppe und sollte in regelmäßigen Zeitabständen beantwortet werden. Die Ergebnisse können grafisch als Zeitreihe dargestellt werden.

Fragebogen zur Gruppenprozessanalyse

Aussage	stimmt genau	stimmt eher	stimmt eher nicht	stimmt nicht
1. Die Gruppe hat das Problem heute gut bearbeitet.				
2. Wir hatten klare Ziele.				
3. Ich war zufrieden, wie wir dem Problem auf den Leib rückten.				
4. Wir überprüften während der Arbeit unser Vorgehen.				
5. Alle Ideen der Gruppenmitglieder wurden festgehalten.				
6. Wir unterstützten uns gegenseitig.				
7. Ich hörte aufmerksam zu, wenn andere sprachen.				
8. Die anderen hörten mir aufmerksam zu.				
9. Meine Fähigkeiten kamen voll zur Geltung.				
10. Die Fähigkeiten der anderen kamen voll zur Geltung.				
11. Ich fühlte mich in meiner Rolle ruhig und wohl.				
12. Die Gruppe wurde durch ein oder wenige Mitglieder dominiert.				
13. Es gab Konkurrenzkämpfe, die die Arbeit störten.				
14. Regeln, die sich die Gruppe gegeben hat, wurden eingehalten.				
15. Das Interesse am Problem war groß.				

Heinz Klippert

Neue Wege des Lehrens und Lernens

Eine Perspektive für Schüler/innen wie Lehrer/innen

Das deutsche Bildungswesen sieht sich zunehmender Kritik ausgesetzt. Die deutschen Schulen schneiden in internationalen Vergleichsstudien mäßig ab (TIMSS). Die Wirtschaft beklagt das Fehlen so genannter »Schlüsselqualifikationen« wie Selbstständigkeit, Problemlösungsvermögen, Kommunikationsfähigkeit, Teamfähigkeit und Methodenbeherrschung. Die Bildungsverantwortlichen fordern »besseren Unterricht« und ein höheres Leistungsniveau. Die Lehrer schließlich beklagen wachsende Belastungen auf Grund verschlechterter Rahmenbedingungen sowie widerspenstiger Schüler/innen, die in puncto Lernbereitschaft und Lernkompetenz immer mehr zu wünschen übrig lassen. Pädagogische Innovationen sind also dringend vonnöten!

Das »Neue Haus des Lernens« im Überblick

Im Zentrum des hier angestrebten Innovationsprozesses steht die Implementierung neuer Lernformen mit der doppelten Zielsetzung, zum einen die Schüler/innen zeitgemäßer als bisher zu qualifizieren sowie zweitens durch die Kultivierung neuer Lernformen eine spürbare Entlastung und ein deutliches Mehr an Berufszufriedenheit für die verantwortlichen Lehrkräfte zu erreichen. Diese unterrichts- und methodenzentrierte Innovationsarbeit ist für die Mehrheit der Lehrerinnen und Lehrer an unseren Schulen relativ attraktiv und plausibel. Denn ausgeprägter Innovationsbedarf besteht seit Jahren auf dem Gebiet der Unterrichtsgestaltung. Angesagt sind Offener Unterricht, Freiarbeit, Wochenplanarbeit, Stationenarbeit, Projektarbeit und andere handlungsorientierte Lernformen, ohne dass die Lehrkräfte hinreichend darauf vorbereitet sind.

Dreh- und Angelpunkt der angestrebten neuen Lernkultur ist das eigenverantwortliche Arbeiten und Lernen der Schüler/innen – kurz »EVA« genannt. (vgl. Abb. 1). Dieses zielt auf die Vermittlung der im Dachgeschoss des Unterrichtsgebäudes angesiedelten Schlüsselqualifikationen. Je häufiger und intensiver die Schüler/innen in Sachen »EVA« gefordert werden, desto selbstständiger, zielstrebiger, kreativer, verantwortungsbewusster, fachkompetenter und methodisch versierter werden sie und desto mehr können sich die zuständigen Lehrkräfte im Unterricht zurücknehmen und persönliche Entlastung erfahren. Das zeigen die in den letzten Jahren durchgeführten Unterrichtsversuche und -projekte des Verfassers sehr deutlich.

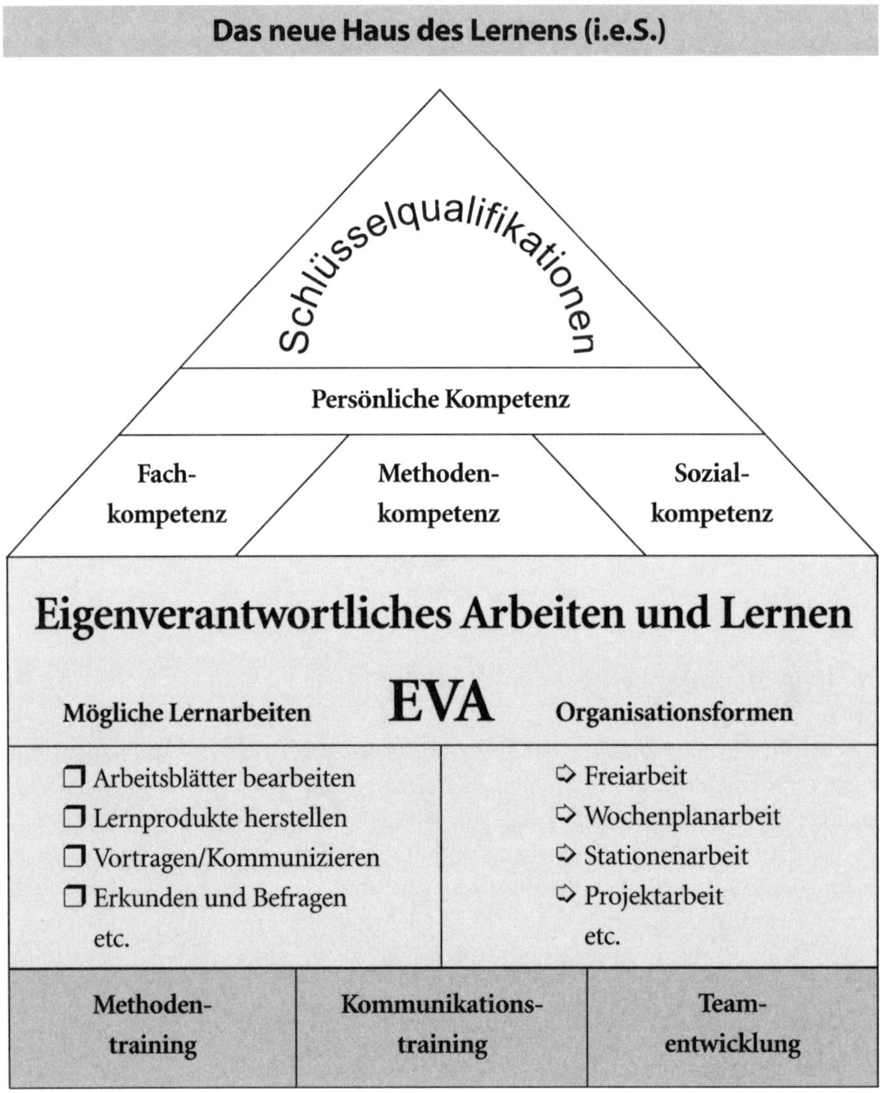

Das skizzierte Unterrichtsgebäude ist selbstverständlich nur ein Teil des »Schul-Campus«, wenngleich ein sehr gewichtiger. Auch erfasst die Abbildung längst nicht alle Aspekte eines guten Unterrichts, sondern ist dezidiert methodenzentriert ausgerichtet, damit die ins Auge gefasste Unterrichtsreform einigermaßen überschaubar bleibt und für die Lehrkräfte möglichst rasch zu greifbaren Erfolgserlebnissen führt. Umgeben ist das Unterrichtsgebäude von spezifischen Rahmenbedingungen, die ebenfalls der kritischen Prüfung und Veränderung bedürfen (Lehrpläne, Stundentafeln, Konferenzgestaltung, Klassenraumgestaltung, Elternarbeit, Teamarbeit im Kollegium etc.)

Abbildung 1

Allerdings steht und fällt »EVA« mit dem Vorhandensein tragfähiger methodischer Kompetenzen und Routinen auf Schülerseite, d.h. mit dem Beherrschen elementarer Arbeitstechniken, Kommunikationstechniken und Kooperationstechniken. Gerade an diesen Basiskompetenzen aber mangelt es vielerorts ganz beträchtlich, sodass der angestrebte offene, handlungsorientierte Unterricht vielfach infrage gestellt ist. Wenn diesem Dilemma erfolgreich begegnet werden soll, dann bedarf es einer verstärkten Methodenschulung im Unterricht. Diese Schulungsarbeit betrifft sowohl das systematische Einüben elementarer Lern- und Arbeitstechniken wie Markieren, Nachschlagen, Strukturieren und Visualisieren als auch das konsequente Training grundlegender Kommunikations- und Kooperationstechniken mittels vielfältiger Übungen und Reflexionen (vgl. dazu die im Anhang angeführten Trainingshandbücher des Verfassers).

Nur, wer trainiert die Schüler/innen? Die meisten Lehrkräfte haben während ihrer Schul- und Ausbildungszeit derartige Schulungsmaßnahmen weder erlebt noch praktisch umgesetzt. Von daher bedarf es zur Fundierung des offenen, handlungsorientierten Unterrichts nicht nur einschlägiger Trainingsmaßnahmen für die Schüler/innen, sondern auch gewisser Trainingsangebote für die Gruppe der Lehrkräfte. Andernfalls wird die allenthalben propagierte Öffnung des Unterrichts leicht zu einer ziemlich »bodenlosen« Angelegenheit, die Lehrer- wie Schüler/innen vor größte Schwierigkeiten stellt und unnötige Frustrationen auf beiden Seiten auslöst. Dieser Gefahr ist nur dadurch zu entgehen, dass überzeugende methodenzentrierte Qualifizierungsangebote unterbreitet werden. Das ist eine zentrale Aufgabe und Herausforderung für die Lehrerfort- und -weiterbildung – und ein essenzielles Merkmal der hier in Rede stehenden Pädagogischen Schulentwicklung.

Kernziele der Pädagogischen Schulentwicklung

Die skizzierte Qualifizierungsarbeit reflektiert die veränderten Sozialisationsbedingungen, unter denen die Kinder heute aufwachsen. Neue Lernformen sind schon deshalb geboten, weil die Rezeptionsbereitschaft und -fähigkeit vieler Schüler/innen unter dem Einfluss des alltäglichen Medienkonsums und der sich ausbreitenden egozentrisch-hedonistischen Lebensvorstellungen eklatant nachgelassen hat, sodass der traditionell lehrerzentrierte, darbietende Unterricht mehr und mehr infrage gestellt ist. Neue Lernformen sind aber auch deshalb angesagt, weil vonseiten der Eltern, der Betriebe und der Bildungspolitik zunehmend neue Anforderungen an die schulische Bildungsarbeit gestellt werden, die auf die Vermittlung zukunftsgerechter »Schlüsselqualifikationen« wie Selbstständigkeit, Methodenkompetenz, Kommunikationsfähigkeit, Problemlösungsvermögen, Eigeninitiative, Zielstrebigkeit und Verantwortungsbewusstsein zielen. Mit den traditionellen Unterrichtsmethoden lassen sich derartige Qualifikationen schwerlich vermitteln. Und neue Lernformen sind nicht zuletzt auch deshalb erforderlich, weil sich nur so die Chance bietet, dass der hochgradigen Belastung und Überlastung vieler Lehrkräfte im Unterricht erfolgreich entgegengewirkt werden kann, und zwar durch die Kultivierung kooperativer und schüleraktiver Arbeitsformen, gepaart mit konsequentem Methoden-, Kommunikations- und Teamtraining im Klassenverband. Somit ergeben sich für die hier in Rede stehende Pädagogische Schulentwicklung die folgenden Zielsetzungen (vgl. auch die Übersicht in Abb. 2):

- *Intensivierung und Erweiterung des fachlichen Lernens*: Durch die nachdrückliche Forcierung des Methoden-, Kommunikations- und Teamtrainings sowie des darauf aufbauenden eigenverantwortlichen Arbeitens und Lernens der Schüler/innen wird deren Fachkompetenz im weitesten Sinne des Wortes gefördert. Denn es geht im Unterricht ja nicht allein darum, fachliche Kenntnisse und Erkenntnisse zu lernen und bei Gelegenheit zu reproduzieren, sondern Fachkompetenz verlangt vor allem fachliche Souveränität und Problemlösungskompetenz, verlangt fachspezifische Kommunikations- und Präsentationsfähigkeit, verlangt fachbezogene Methodenbeherrschung und Teamfähigkeit. Diesem erweiterten Verständnis von Fachkompetenz wird durch die neuen Lernmethoden und Trainingsmaßnahmen Rechnung getragen.
- *Entlastung der Lehrkräfte vom ständigen »Geben-Müssen«*: In dem Maße wie die Schüler/innen trainieren und lernen, selbstständig, diszipliniert und methodenbewusst alleine oder in Kleingruppen zu arbeiten und die je anstehenden Aufgaben zu lösen, tritt eine merkliche Entlastung für die zuständigen Lehrkräfte ein. So gesehen ist Entlastung nicht nur nötig, sondern auch möglich. Das gilt nicht nur für das unmittelbare Unterrichtsgeschehen, sondern auch für die Unterrichtsvorbereitung – vorausgesetzt, es wird verstärkt auf Teamarbeit und auf die konsequente Nutzung der vorhandenen Medien, Materialien und sonstigen Potenziale gesetzt. Zu diesen letztgenannten Potenzialen gehören u.a. die Schüler/innen als Helfer und Miterzieher im Unterricht. In diesen Funktionen müssen sie viel stärker gefordert und gefördert werden als das bisher üblich war. Dann haben die betreffenden Lehrkräfte gute Chancen, ihre Belastung zu reduzieren und ihre Berufszufriedenheit zu steigern.
- *Ausstrahlung der Unterrichtsreform auf die ganze Schule*: Die skizzierte Unterrichtsreform beschränkt sich natürlich nicht allein auf methodische Fragen und Qualifizierungscampagnen, sondern erfasst nach und nach auch andere Bereiche des Schullebens und der Schulorganisation. Es entsteht gleichsam ein Innovationssog, der von den unterrichtszentrierten Reformbemühungen ausgeht. Dieser betrifft gleichermaßen die Lehrpläne wie die Stundenplangestaltung, die Lehrereinsatzplanung wie die Konferenzgestaltung, die Sitzordnung wie die Klassenraumgestaltung, die Projektarbeit wie die Arbeitsgemeinschaften, die Elternarbeit wie die Öffentlichkeitsarbeit, die Lehrerkommunikation wie die Lehrerkooperation, die Ressourcenbeschaffung wie die Schulprogrammdiskussion.

Die verschiedenen Zielebenen der Pädagogischen Schulentwicklung
Erweiterungen der Schülerkompetenzen
→ Mehr Selbstständigkeit, Eigeninitiative, Ausdauer, Verantwortungsbewusstsein, → Zielstrebigkeit etc. durch den Ausbau von »EVA«. Bessere Methodenbeherrschung durch konsequentere Methodenschulung und -pflege im Unterricht, → Verbesserung der Kommunikations- und Präsentationsfähigkeit durch konsequentere Kommunikationsschulung und -pflege im Unterricht, → Verbesserung der Teamfähigkeit durch systematische Teamschulung und Teamarbeit im Unterricht.
Entlastung der Lehrkräfte
→ Weniger Disziplinprobleme und Verhaltensauffälligkeiten der SchülerInnen im Unterricht, → Weniger Belastung durch »blöde« Fragen und unnötige Wiederholungsschleifen/ Weniger Korrektur- und Erklärungsbedarf, → Weniger Konzentrations- und Motivationsprobleme aufseiten der Schüler/innen infolge wachsender Erfolgsaussichten, → Weniger Konflikte und Arbeitsstörungen bzw. -verzögerungen in den Gruppenarbeitsphasen, → Und dadurch bedingt: Mehr Berufszufriedenheit und Motivation aufseiten der Lehrkräfte.
Ausstrahlung auf die ganze Schule
→ Förderung der pädagogisch-methodischen Innovationsbereitschaft im Kollegium (»Schneeballeffekte«), → Mehr Teamgeist und effektivere Teamarbeit sowohl auf Klassenebene (Klassenteams) als auch auf Fachebene (Fachteams), → Veränderung der Lehrpläne, der Stundentafeln und der Lehrereinsatzplanung (Doppelstunden, hohes Stundendeputat für Lehrerteams etc.), → Umgestaltung der Klassenräume, der Sitzordnung und anderer Rahmenbedingungen des Unterrichts, → Intensivere Eltern- und Öffentlichkeitsarbeit zur Unterstützung der Pädagogischen Schulentwicklung.

Abbildung 2

Methodentraining als Kern der pädagogischen Neuorientierung

Dreh- und Angelpunkt der skizzierten Qualifizierungs- und Innovationsarbeit ist das Training grundlegender Arbeits-, Kommunikations- und Kooperationstechniken. Das gilt sowohl für den Unterricht als auch – exemplarisch – für die Lehrerfortbildung. Viele Basismethoden sind nicht hinreichend geklärt und gefestigt. Das zeigt sich u.a. beim Markieren. Bei verschiedenen Tests hat sich herausgestellt, dass die Schüler/innen fast alles markieren. Sie haben keine Linie, wie man reduziert und markiert, damit sich das Gelesene möglichst nachhaltig im Gedächtnis einprägt. Ähnlich hilflos sind die meisten von ihnen beim Strukturieren und Visualisieren von Informationen oder beim Gestalten kleiner Vorträge vor der Klasse oder beim Zusammenarbeiten in Gruppen. Die Liste der methodischen Defizite ließe sich fortsetzen. Den meisten Lehrkräften ist zwar klar, dass man im Interesse eines erfolgreichen Offenen Unterrichts diesen Defiziten begegnen muss, nur mangelt es ihnen über weite Strecken am nötigen Know-how. Sie verlangen deshalb nach unterstützenden Trainingsmaßnahmen, die praxisnah zeigen, wie man die Methoden-, die Kommunikations- und die Teamkompetenz der Schüler/innen gezielt fördern kann. Das ist eine Aufgabe und Herausforderung für die Lehrerfortbildung. Wie derartige Trainingsmaßnahmen aussehen können, lässt sich aus den im Literaturanhang angeführten Trainingshandbüchern des Verfassers ersehen.

Bei der Trainingsarbeit lässt sich unterscheiden zwischen Makromethoden und Mikromethoden (vgl. Abb. 3). Zu den *Makromethoden* gehören z.B. Gruppenarbeit und Projektarbeit. Makromethoden sind also komplexe methodische Abläufe, mit denen die Schüler/innen durch wiederholtes Tun ganz einfach vertraut werden müssen, d.h. sie müssen die gängigen Regeln und Abläufe kennen und wissen, was sie wann zu tun haben. Sie brauchen also einen gewissen Überblick oder – wie der Lernpsychologe Aebli das nennt – ein auf Erfahrung beruhendes »Handlungsschema«.

Bei den *Mikromethoden* ist das dagegen anders. Sie können richtig gehend trainiert werden. Die in Abb. 3 angeführten Arbeits-, Gesprächs- und Kooperationstechniken müssen im Unterricht möglichst oft und intensiv geübt werden, damit die Schüler/innen entsprechende Routinen entwickeln können. Zu üben, zu reflektieren und zu festigen sind unter anderem elementare Lese-, Markierungs-, Nachschlage-, Frage-, Ordnungs-, Strukturierungs- und Visualisierungstechniken. Verstärkt geübt werden müssen aber auch grundlegende Argumentations-, Vortrags-, Diskussions- und sonstige Interaktionstechniken, wie sie im Rahmen der Gruppen- und Partnerarbeit benötigt werden. Zum Methodentraining gehören außerdem all jene Techniken, die der Verbesserung der Lern- und Gedächtnisleistung dienen und vor allem bei der Vorbereitung von Klassenarbeiten und Tests zum Tragen kommen.

»EVA« verlangt Methoden- und Sozialkompetenz		
Vertraut sein mit komplexeren methodischen Abläufen	**Beherrschen elementarer Lern- und Arbeitstechniken**	**Beherrschen elementarer Gesprächs- und Kooperationstechniken**
❒ Gruppenarbeit	❒ Markieren	❒ **In ganzen Sätzen reden**
❒ **Wochenplanarbeit**	❒ Rasch lesen	❒ **Frei sprechen/ vortragen**
❒ **Stationenarbeit**	❒ **Gezielt nachschlagen**	❒ **Assoziationen äußern**
❒ **Arbeit mit Lernkartei**	❒ **Fragen formulieren**	❒ **Interview führen**
❒ **Metaplanmethode**	❒ **Auswendig lernen**	❒ **Aktiv zuhören**
❒ **Planspielmethode**	❒ Stringent schreiben	❒ **Gespräch leiten**
❒ **Referat/Facharbeit**	❒ **Strukturieren**	❒ **Diskussion führen**
❒ **Sozial-/Fallstudie**	❒ **Visualisieren/Gestalten**	❒ **Wort weitergeben**
❒ **Hearing/Talkshow**	❒ **Protokoll führen**	❒ **Blickkontakt halten**
❒ **Betriebserkundung**	❒ **Gliedern/Ordnen**	❒ **Feed-back geben**
❒ **Zukunftswerkstatt**	❒ **Richtig zitieren**	❒ **Mitschülern helfen**
❒ **Reportage erstellen**	❒ **Zeit einteilen**	❒ **Teamregeln beachten**
❒ **Brainstorming-Meth.**	❒ **Arbeitsplatz gestalten**	❒ **Konflikte lösen**
❒ **Klassenarbeit systematisch vorbereiten**	❒ **Ausschneiden/Lochen/ Aufkleben/Abheften**	❒ **Zielgerichtet zusammenarbeiten**
etc.	**etc.**	**etc.**

Abbildung 3

Literatur

Trainingshandbücher des Verfassers

Klippert, H.: Methoden-Training. Übungsbausteine für den Unterricht. Weinheim und Basel 1994 (7. Auflage 1998)
Klippert, H.: Kommunikationstraining. Übungsbausteine für den Unterricht. Weinheim und Basel 1995 (5. Auflage 1998)
Klippert, H.: Teamentwicklung im Klassenraum. Übungsbausteine für den Unterricht. Weinheim und Basel 1998
Klippert, H.: Planspiele. Spielvorlagen zum sozialen, politischen und methodischen Lernen in Gruppen. Zehn komplette Planspiele. Weinheim und Basel 1996

Ausgewählte Unterrichtsarrangements zum Thema »Lernen«

Die skizzierten Innovationserfordernisse im Bereich der Unterrichtsgestaltung machen deutlich, dass die Reflexion über Lehren und Lernen dringend forciert werden muss. Reflektieren müssen nicht nur Lehrer/innen, sondern auch Schüler/innen. Das Thema »Lernen« gehört phasenweise in den Unterricht. Wenn die Schüler/innen tatsächlich zum Subjekt des eigenen Lernens werden und das eigenverantwortliche Arbeiten engagiert angehen sollen, dann bedarf es dazu der kritisch-konstruktiven Auseinandersetzung mit dem alltäglichen Lerngeschehen. Die nachfolgenden Lernarrangements zeigen beispielhaft, wie diese Auseinandersetzung in Gang gebracht werden kann.

Begriffs-Mosaik entwickeln: Die Schüler/innen erhalten die Aufgabe, in einer kurzen Besinnungsphase zum Thema »Unterricht heute« je drei Begriffe zu notieren, die ihnen spontan einfallen. Dann grenzen sie zunächst in 3er-Gruppen je vier und im nächsten Schritt in 6er-Gruppen je fünf »Reizwörter« ein und schreiben diese gut lesbar auf fünf rechteckige Visualisierungskärtchen. Anschließend werden die erstellten Begriffs-Kärtchen von wechselnden Gruppenmitgliedern in lockerer Folge an die Tafel geheftet, erläutert und zu Schwerpunkten gruppiert (geclustert). Den Abschluss dieser Reflexionsschleife bildet die Diskussion der vorgestellten Statements sowie die Eingrenzung möglicher Schlussfolgerungen für die zukünftige Unterrichtsgestaltung.

Thesen-Diskussion (Dissonanzmethode): Die Schüler/innen erhalten das dokumentierte Thesenblatt (vgl. M 1) und kreuzen zu jeder These an, inwieweit sie dieser zustimmen oder ablehnend gegenüberstehen. Außerdem notieren sie sich zu jeder Bewertung eine knappe Begründung. Dann werden entsprechend der Thesenzahl fünf Gruppen gebildet, deren Mitglieder die Aufgabe haben, ihre Einschätzungen auszutauschen und zu diskutieren sowie zu einer der fünf Thesen ein differenzierteres Statement vorzubereiten und anschließend vor der Klasse vorzutragen. Wer das jeweilige Gruppenstatement präsentiert, das kann dabei per Los entschieden werden. Im Anschluss an jedes Statement können Mitschüler und Lehrer ergänzende/korrigierende Anmerkungen machen.

Interview mit einem Wirtschafts-Vertreter: Die Schüler/innen lesen die in M 2 dokumentierten Stellungnahmen ausgewählter Unternehmen durch und bereiten sich entsprechend der zugewiesenen Rolle auf das anstehende Interview vor. Die Hälfte der Klasse wird also in der Journalistenrolle agieren, die andere Hälfte in der Rolle des Wirtschaftsvertreters. Die Bildung der einzelnen Gesprächspaare kann dabei durch das Verlosen der Ziffernkärtchen 1 und 1*, 2 und 2*, 3 und 3* usw. geregelt werden. Wer die Ziffer mit dem Sternchen hat, ist Journalist, sein jeweiliges Pendant ist Präsident der Industrie- und Handelskammer. Die Journalisten tragen allesamt den Namen »Listig«, die Wirtschaftsvertreter den Namen »Findig«; sie siezen sich und gehen gemeinsam der Frage nach, ob und inwieweit der heutige Unterricht noch zeitgemäß ist. Am Ende der Interview-Runde werden drei Journalisten ausgelost, die über ihre Interview-Ergebnisse im Plenum berichten.

Stationengespräch: Was ist ein guter Lehrer? Die Schüler/innen werden durch Abzählen von eins bis sechs in sechs Gruppen eingeteilt und erhalten die Aufgabe, sechs unterschiedliche Lehrerrollen spontan zu kommentieren und zu diskutieren. Es sind dies die Rollen »Wissensvermittler«, »Erzieher«, »Lernorganisator«, »Freund und Helfer«, »Sozialarbeiter« und »Animateur« (vgl. M 3). Die besagten Rollenbezeichnungen werden mit dickem Filzstift auf DIN-A4-Pappschilder geschrieben, die auf der Rückseite mit den Ziffern 1 bis 6 beschriftet und in gebührendem Abstand an den Außenwänden des Klassenraumes ausgehängt werden. Die Schüler/innen, die die Ziffer 1 gezählt haben, beginnen bei Station eins, diejenigen, die die Ziffer 2 gezählt haben, starten ihr Gespräch bei Station zwei usw. Sie drehen das jeweilige Schild um und tragen zur betreffenden Lehrerrolle ihre persönlichen Überlegungen und Ansichten zusammen. Nach ca. drei Minuten gibt der Lehrer das Signal zum Stationenwechsel und die Gruppenmitglieder wandern im Uhrzeigersinn zur nächsten Gesprächsstation, tauschen sich dort erneut aus und wandern dann zur dritten Station usw. Das gesamte Stationengespräch dauert also rund 20 Minuten. Anschließend werden die 6 Rollenkarten von den Wänden abgenommen und unter den sechs Gruppen mit der Maßgabe verlost, zur jeweils gezogenen Lehrerrolle eine differenziertere Stellungnahme vorzubereiten, die abschließend im Plenum vorgetragen wird. Ergänzende Anmerkungen der zuständigen Lehrkraft runden das Bild ab.

Plakatgestaltung zum Thema »Unterricht heute«: Die Schüler/innen skizzieren in einer kurzen Besinnungsphase, wie sie den alltäglichen Unterricht erleben. Dazu erhalten sie ein DIN-A4-Blatt und einen dicken Filzstift. Es wird mit wenig Schrift und möglichst vielen grafischen/zeichnerischen Elementen gearbeitet. Nach ca. fünf Minuten werden mittels Losen oder Abzählen mehrere Zufallsgruppen gebildet, die nunmehr die Aufgabe erhalten, auf der Basis der individuellen Assoziationsskizzen möglichst anschauliche und aussagekräftige Plakate im Format 80 cm × 100 cm zu gestalten und später im Plenum zu präsentieren. Auf diese Weise entstehen mehrere Feedback-Plakate, die Auskunft darüber geben, wie die Schüler/innen den alltäglichen Unterricht wahrnehmen und einschätzen. Die erstellten Plakate werden abschließend von den Gruppensprechern präsentiert und erläutert. Gezielte Diskussionen und/oder Kommentare von Lehrerseite können sich anschließen.

Schreibgespräch zum Thema »Guter Unterricht«: Die Klasse wird in drei Gruppen aufgeteilt. Jeder Gruppe stehen ein großes Plakat (z.B. 120 × 160 cm) sowie unterschiedliche Filzstifte zur Verfügung. Im Zentrum des Plakats steht der Schreibimpuls »Guter Unterricht ist für mich … Und für dich?« (vgl. M 4). Die Schüler/innen der jeweiligen Gruppe notieren in einem stummen Schreibgespräch, was ihnen zu diesem Impuls einfällt. Sie verknüpfen die einzelnen Kommentare, unterstreichen, machen Ausrufe- oder Fragezeichen und fertigen auf diese Weise nach und nach eine »kollektive Mindmap« an. Dabei darf nicht gesprochen werden. Nach etwa 10–15 Minuten wird das Schreibgespräch abgebrochen und zunächst innerhalb der Gruppe ausgewertet. Dabei geht es einerseits um die persönlichen Beobachtungen und Erfahrungen während des Schreibgesprächs, zum zweiten um die Herausarbeitung wichtiger Eckpunkte des »guten Unterrichts«. Die so gewonnenen Ergebnisse und Erkenntnisse werden abschließend von den Gruppenmitgliedern unter Einbeziehung der erstellten Plakate im Plenum präsentiert. Rückfragen und Kommentare von Schüler- wie von Lehrerseite können sich anschließen.

Brainstorming zur Ermittlung wichtiger Lernstrategien: Die Schüler/innen erhalten die Aufgabe, in einer kurzen Besinnungsphase je drei Tipps aufzuschreiben, wie man sich neuen Lernstoff möglichst nachhaltig einprägen kann. Dann werden Gesprächspaare gebildet, die sich auf je vier Tipps verständigen müssen. Im dritten Schritt schließlich filtern die Schüler/innen in mehreren Sechsergruppen je fünf Lernstrategien heraus, die stichwortartig auf Kärtchen geschrieben und anschließend im Plenum präsentiert werden. Auf diese Weise entsteht nach und nach eine Landschaft mit wichtigen Lernstrategien, die sich im Schulalltag bewährt haben und deren Anwendung den Schüler/innen ein Mehr an Lernerfolg verspricht. Dabei kommen erfahrungsgemäß recht differenzierte Lerntipps heraus, die deutlich machen, dass mit dem Lernstoff möglichst vielschichtig gearbeitet werden muss (markieren, strukturieren, visualisieren, erzählen, aufschreiben, fragen und antworten etc.). Auf diese Weise kommt der erweiterte Lern- und Bildungsbegriff in den Blick, wie er in Abbildung 1 skizziert wurde. Mit anderen Worten: Je geschickter und vielschichtiger die Schüler/innen »EVA« praktizieren, umso effektiver das Lernen und umso nachhaltiger der Lernerfolg (vgl. dazu auch das an anderer Stelle angeführte Übungshandbuch des Verfassers zum »Methodentraining«).

M 1 Einige Thesen zum Thema »Lernen«

Thesen	3	2	1	+1	+2	+3
Für den Lehrer wird gelernt, nicht für das spätere Leben!						
Wer gut auswendig lernen kann, der hat auch Erfolg in der Schule!						
Gruppenarbeit ist bloße Zeitvergeudung; am besten lernt man alleine!						
Im Unterricht wird zu viel geredet und zu wenig getan!						
Ein guter Lehrer ist der, der es seinen Schülern möglichst einfach macht!						

M 2 Einige Stimmen aus der Wirtschaft

»Bewerber bzw. Berufsanfänger (aller Schularten) haben häufig Schwierigkeiten, Sachverhalte klar und treffend darzustellen ... Die Methoden- und Sozialkompetenz wird von schulischer Seite aus total vernachlässigt ... Methodik und Didaktik der Lehrkräfte lassen nur in beschränktem Maße problemorientiertes Lernen und Arbeiten zu. Durch die Unterrichtsmethodik wird ausschließlich ein ›receptives‹ Verhalten der Schüler entwickelt.«
(Mercedes Benz)

»Selbstständig denkende, kreative Mitarbeiterinnen und Mitarbeiter, die bereit sind, Verantwortung zu übernehmen und Probleme anzupacken, werden in der Wirtschaft künftig mehr denn je gefragt sein ... Dagegen muss die Vermittlung von bloßem Fakten-Wissen auf Spezialgebieten kritisch beurteilt werden. In einer Zeit, in der sich der Wissensbestand ständig erneuert ..., ist dies weniger produktiv.«
(RWE-Konzern)

»Die Vermittlung von Techniken und Methoden, die es den Schülern erleichtern, Lernziele zu erreichen, kommt unseres Erachtens zu kurz. Damit meinen wir auch die Fähigkeit, sich zu konzentrieren und zu entspannen. Auch Kenntnisse über Rhetorik und Gestik ließen sich hier einordnen. Zunehmende Bedeutung erlangen die sogenannte Metaplantechnik, Präsentationstechniken sowie Formen der Problemlösung.«
(Bausparkasse Schwäbisch Hall)

»SchülerInnen sind es nicht gewohnt, sich selbstständig neues Wissen zu erarbeiten und sind auch kaum in der Lage, ihr vorhandenes Wissen als Problemlösungskompetenz einzusetzen. Darüber hinaus sind die SchülerInnen nur wenig geübt, sich in Gruppen einzubringen ... Aus der vorgetragenen Einschätzung ergibt sich die Forderung nach ... verstärkt aktivierenden, die SchülerInnen beteiligende Lernformen.«
(BHW Bausparkasse AG)

»In der Schule werden keine Schlüsselqualifikationen vermittelt wie Teamfähigkeit, Selbstständigkeit, Kritikfähigkeit, Verantwortungsfähigkeit, also ... das, was unter Handlungs- und Sozialkompetenz verstanden wird. Ein weiteres Manko der schulischen Ausbildung ist das Fehlen der Vermittlung jeglicher Lerntechniken ... Selbstständigkeit (scheint) kaum gefragt, ein den Schülern häufig gesagter Satz lautet offenbar: ›Zuhören, nicht durch Fragen aufhalten!‹«
(HUK Coburg)

»Es muß nicht immer der Lehrer sein, der ›im Alleingang‹ die Lösung einer Aufgabe ... an der Tafel vormacht. Warum macht man nicht öfter den Weg zum Ziel? Warum sollen Schüler nicht häufiger versuchen, sich innerhalb einer Gruppe einem Problem zu nähern, eine Lösungsstrategie zu entwickeln und zu diskutieren? Selbstgesteuerte und gruppenvorbereitete Einzelarbeit wären weitere Varianten, die häufiger in der Schule praktiziert werden könnten.«
(Siemens AG)

(Zitate aus: »Bildung konkret«, 8–9/1995, 10/1995, 1–2/1996)

M 3 Aufriss des Stationengesprächs

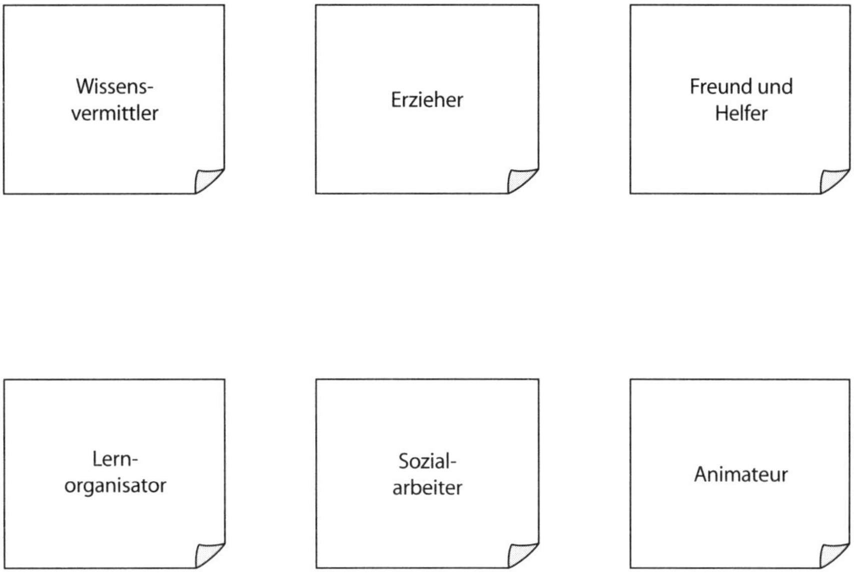

M 4 Plakat zum Schreibgespräch

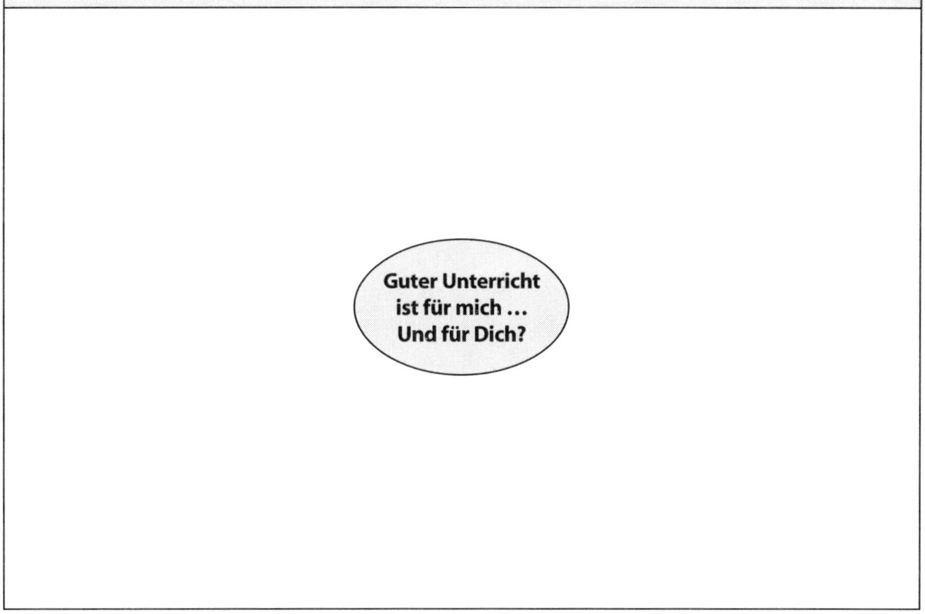

Sabine Müller

Evaluation von Unterricht

Auswerten zusammen mit Schülerinnen und Schülern

Zum Begriffsverständnis von Evaluation

Evaluation liegt im Trend. Kaum ein Aufsatz zu diesem Thema beginnt derzeit ohne diese Feststellung. Und dieser Publikationen gibt es viele, was auf die Richtigkeit der These hinzudeuten scheint. Dabei handelt es sich bei Evaluation und Schule um zwei Begriffe, die seit jeher unzertrennlich miteinander verbunden sind. Dass Lehrer Schüler bewerten, ist so selbstverständlich wie das Amen in der Kirche. Dass Lehrerinnen und Lehrer gelegentlich auch Schülermeinungen über die Schule und auch über den konkreten Unterricht einholen, ist da schon nicht ganz so verbreitet. Dass Lehrer mit Schülerinnen und Schülern Unterricht planen und dann gemeinsam auf Grund von ausgewählten Kriterien systematisch überprüfen, ist allenfalls Zukunftsmusik.

Die Evaluationsdebatte in Deutschland wurde in den 60er-Jahren aktuell. Durch den vom Deutschen Bildungsrat eingesetzten »Experimentalausschuss« wurde eine Vielzahl von Schulversuchen gefördert mit der Maßgabe der Evaluation. In den 70er-Jahren wurden vor allem Schulsystemvergleiche erforscht und ausgewertet (vgl. dazu Fend 1976). Ende der 70er- bis Anfang der 90er-Jahre wurden Modellversuche mit wissenschaftlicher Begleitforschung eingerichtet, die evaluiert wurden. Seit Beginn der 90er-Jahre wird Evaluation und Evaluationsforschung vor allem im Zusammenhang mit der Autonomiediskussion von Schule, in der Doppelfunktion von Rechenschaft und Entwicklung, diskutiert. (Rolff 1995, S. 291–293)

Der Begriff »Evaluation« ist – wenn auch ein Zungenbrecher – in aller Munde. Ein einheitliches Verständnis darüber, was genau darunter zu verstehen ist, scheint es dagegen nicht zu geben.

»Evaluation ist ein außerordentlich vielfältiger Begriff. Er umfasst eine Menge möglicher Verhaltensweisen und entzieht sich somit prinzipiell einer abstrakten, die Wirklichkeit gleichzeitig voll umfassenden Definition.« (Wottawa, H./Thierau, H. 1990, S. 9.) »Allgemeinsprachlich meint Evaluation nichts weiter als ›Bewertung‹. Irgendetwas wird von irgendjemandem nach irgendwelchen Kriterien in irgendeiner Weise bewertet.« (Kromrey 1995, S. 313.) »Im Unterschied zum Bewerten im Alltag wäre Evaluation jedoch ein systematisch geplanter und zielgerichteter Aus- und Bewertungsprozess.« (LSW 1995, S. 10.) Und schließlich: »Bei Evaluation geht es ganz allgemein um die ›informierte‹ Bewertung einer bestehenden Praxis; diese Bewertung soll bei Entscheidungen über die weitere Gestaltung dieser Praxis helfen.« (Altrichter/Buhren 1997, S. 6.)

Evaluation kann beginnen mit einer Bestandsaufnahme, beinhaltet auf jeden Fall einen Teil systematischer Bewertung und zielt auf eine Weiterentwicklung von bestehender Praxis. Evaluation sollte nie um der Evaluation willen betrieben werden, sollte nie Selbstzweck sein. »Evaluation und Weiterentwicklung müssen von Anfang an in einer plausiblen Entwicklungsstrategie miteinander verbunden sein und immer aufeinander bezogen werden, damit sich die Mühe aus der Perspektive der Entwicklung der Einzelschule lohnt.« (Buhren/Altrichter 1997, S. 19f.)

Die aktuelle Debatte der Schulpolitik entzündet sich v.a. an der Frage, wie die Qualität schulischer Arbeit entwickelt und gesichert werden kann, wie Qualität überprüft und wie Qualitätsstandards definiert werden können. Uwe Hameyer definiert: »Qualität ist wie ein Kunstwerk. Man kann es von vielen Seiten betrachten, jeder Standpunkt bringt andere Qualitäten zum Vorschein. Farbschattierungen lassen sich durch geschickte Beleuchtung betonen oder unterdrücken. Und immer spielt die Stimmung des Betrachters in das hinein, was er zu sehen meint. Das Kunstwerk entsteht im Betrachter neu – nach konstruktivistischer Sicht jedenfalls. Jede Schule hat wie das Kunstwerk ihr eigenes Gesicht. Von der Qualität des Kunstwerks wird sich der Betrachter erst dann ein genaueres Bild machen, wenn Hintergründe und Entstehungsprozesse bekannt sind. Beides gehört zusammen: die Weitwinkeloptik für Horizonte und Makrolinsen mit Blick auf einen Kunstwerkausschnitt.« (Hameyer 1997, S. 2.)

Externe Evaluation durch die Schulaufsicht sollte zumindest durch eine Selbstevaluation der Einzelschule ergänzt werden, indem die Kollegien sich über Qualitätsstandards verständigen, ihre eigene Praxis systematisch bewerten, entscheiden, was unter den vorherrschenden Bedingungen machbar und wünschenswert ist. »Interne Qualitätssicherung setzt eine Perspektive auf das voraus, was andere von der eigenen Schule erwarten. Umgekehrt bleibt externe Qualitätssicherung so lange ein künstliches Gebilde, wie sie sich nicht auch Innenansichten der Mitglieder zu Eigen macht. Die Vergleichbarkeit von Schule trägt nur so gut, wie die Besonderheit der einzelnen Schule, ihre Einzigartigkeit, beachtet wird. Jeder hat ein eigenes, inneres Schulbild.« (Hameyer 1997, S. 2.)

Schulen sollten zunächst einmal selbst definieren können, was Qualität für ihr Kollegium, ihre Schüler und ihre Eltern bedeutet. Um Qualität bewertbar und in gewissem Sinne objektivierbar und messbar zu machen, müssen die gemeinsam definierten Ziele in operationalisierte Bewertungskriterien übersetzt werden, die dann mit unterschiedlichen Methoden der empirischen Sozialforschung überprüft werden können. Diese Bewertungskriterien werden häufig als Qualitätsindikatoren bezeichnet (vgl. auch Buhren 1997, Buhren/Killus/Kirchhoff/Müller 1999), die als Grundlage schulischer Selbstevaluation dienen. »Qualitätsindikatoren sollten deshalb Schulen in der Leistungserstellung unterstützen, d.h. ihre Verantwortung und Kompetenz für Erfolg und Misserfolg ernst nehmen zulasten eines nachgeordneten, von außen gesetzten Kontrollaspekts. Professionalisierte Selbstkontrolle in Schulqualitätsfragen ist Konsequenz einer Schule in erweiterter Selbstverantwortung, weshalb es zu vermeiden gilt, mit Qualitätsindikatoren regulierend und in Rasenmähermanier ›über‹

die Schulen zu fahren.« (Maritzen 1997, S. 2.) Klar ist, dass die Qualität, um die es hier geht, in der Schule produziert wird. Sie entsteht in einem systematischen Interaktionsfeld von Lehrern und Schülern und gelingt mal gut und manchmal auch weniger gut. Wichtig ist, dass das Bemühen um Qualität in einem kontinuierlich reflektierten Prozess stattfindet. Dazu können Lehrer und Schüler gleichermaßen beitragen.

Möglichkeiten und Methoden von Selbstevaluation in der Schule auf verschiedenen Ebenen

Selbstevaluation in der Schule kann auf verschiedenen Ebenen stattfinden. Es gibt einige Beispiele für Bereiche, die Gegenstand von Selbstevaluation in der Schule sein könnten: Klassenevaluation, Projektevaluation, Bestandsaufnahme, Kollegiale Supervision und Schülerleistungen. Aus dieser Auswahl wird deutlich, dass es sich sowohl um unterschiedliche Bereiche als auch um verschiedene methodische Herangehensweisen handeln kann. Dazu kommen die unterschiedlichen *Beteiligungsgruppen*, die an einem Selbstevaluationsvorhaben mitwirken können.

Selbstevaluation auf der Ebene des einzelnen Lehrers: Diese Form wird sicherlich mehr oder weniger systematisch von einem überwiegenden Teil von Lehrerinnen und Lehrern im Arbeitsalltag praktiziert. Die für den eigenen Unterricht gesetzten Ziele werden an den Erfolgen der Schülerinnen und Schüler überprüft, das eigene Vorgehen kritisch reflektiert. Es findet jedoch kein Austausch mit anderen Personen statt.

Selbstevaluation auf der Ebene des Kollegiums oder Teilen des Kollegiums: In vielen Schulen arbeiten z.B. Fachgruppen an gemeinsamen schulinternen Curricula, die durch identische Arbeiten in verschiedenen Klassen kontrolliert werden. Darüber hinaus kommt es vor, dass einzelne Kolleginnen und Kollegen gegenseitige Unterrichtshospitationen durchführen und dann ein Feed-back über ihre Praxis erhalten. Selbstevaluation auf der Ebene des gesamten Kollegiums ist weniger verbreitet und böte sich am ehesten für Projekte an, die auch alle Kolleginnen und Kollegen betreffen.

Selbstevaluation auf der Ebene der Schule (Lehrer, Schüler, Eltern): Eine schulinterne Evaluation, die sowohl weite Teile des Schullebens als auch die Perspektiven verschiedener an Schule beteiligter Personengruppen umfasst, könnte eine Perspektive für die Zukunft sein. Derzeit führen verschiedene Schulen – oft im Rahmen der Entwicklung von Schulprogrammen – Bestandsaufnahmen zu unterschiedlichen Bereichen ihrer Schule durch, um Stärken, Schwächen und Entwicklungsbereiche zu identifizieren. Eine solche Bestandsaufnahme kann als Vorläufer für eine systematische Selbstevaluation gesehen werden, die später auf der Grundlage geklärter Zielsetzungen und Bewertungsmaßstäbe durchgeführt werden kann. Möglich wäre so etwas wie ein schulinternes »Berichtssystem«, in dem unterschiedliche Bereiche der Schule in zeitlichen Abständen immer wieder Gegenstand einer kritischen Bewertung durch die beteiligten Gruppen sein könnten.

Selbstevaluation auf der Ebene der Klasse (Lehrer und Schüler): Die einzelne Klasse ist der Ort in der Schule, wo Qualität entwickelt, überprüft und verändert werden kann. Der Lehrer und die Schüler seiner Klasse bilden daher die Einheit einer Schule, die am ehesten evaluierte Fakten in eine veränderte Praxis umsetzen kann. Daher ist es sinnvoll, wenn Lehrer und Schüler gemeinsam Ziele für den geplanten Unterricht vereinbaren und später aus beiden Perspektiven bewerten könnten.

Eine schulinterne Evaluation – egal auf welcher der genannten Ebenen sie angesiedelt ist – muss immer in gewissem Sinne maßgeschneidert sein. Denn wenn die Beteiligten selbst die Indikatoren und Bewertungsmaßstäbe festlegen, ist klar, dass diese nicht allgemein gültig sein können. Damit soll nicht gemeint sein, dass die bestehenden Richtlinien völlig außer Acht gelassen werden. Vielmehr geht es darum, Vorgaben mit den eigenen Möglichkeiten und Profilbereichen der Schule in Verbindung zu bringen und zu einer überprüfbaren Praxis zu führen.

Für eine systematische und umfassende schulische Selbstevaluation existieren keine vorgefertigten Methoden und Instrumente. Grob gesehen eignen sich alle »gängigen« Methoden der empirischen Sozialforschung wie *mündliche und schriftliche Befragungen, Beobachtungen, Dokumentenanalysen*, um nur die »prominentesten« zu nennen. Diese Methoden bieten sich für jeweils unterschiedliche Selbstevaluationsvorhaben an (vgl. dazu ausführlich Buhren/Killus/Müller 1998).

Befragungen können strukturiert oder eher offen sein. *Leitfadengespräche* sind beispielsweise eher offene Befragungsformen. Sie sollten auf Grund des hohen Auswertungsaufwandes eher mit kleineren Stichproben durchgeführt werden. Sie sind dann geeignet, wenn der Bereich, der evaluiert werden soll, noch nicht durch klare Qualitätsindikatoren zu fassen scheint. Durch die offenen Antwortmöglichkeiten erhält man hier Aufschlüsse und nähere Informationen.

Standardisierte Befragungen mit *Fragebogen* sind dagegen für entsprechend größere Befragtengruppen geeignet. Sie sollten eingesetzt werden, wenn ein bestimmter Sachverhalt relativ präzise in geschlossenen Items abfragbar ist.

Beobachtungen sind ebenfalls sehr zeitintensiv und beziehen sich auf kleinere Einheiten von Schule wie z.B. einzelne Klassen. Beobachtungen finden bei Unterrichtshospitationen statt und liefern je nach Eingrenzung des Beobachtungsschwerpunktes subjektive Wahrnehmungen des Beobachtenden. Beobachtung kann aber auch mithilfe vorher entwickelter Raster durchgeführt werden, bei denen der Beobachter »Strichlisten« führt, die quantitative Ergebnisse erbringen.

Eine weitere Methode ist die *Dokumentenanalyse*, die Schulstatistiken, Jahresberichte, Zeugnisse und vieles mehr an schulischen Daten zum Inhalt haben kann. Diese Daten liegen oft als »Daten-Friedhöfe« in den Schränken der Schulleitung. Dabei kann es sich hier um wichtiges Informationsmaterial handeln, das für verschiedene Evaluationsvorhaben interessante Aufschlüsse geben kann.

Je nach Stand können natürlich die verschiedenen Methoden auch parallel oder nacheinander zur Anwendung kommen. So können zu Beginn eines Evaluationsvorhabens mithilfe von Leitfadengesprächen Hinweise auf wichtige Indikatoren erhoben werden, die dann in einer größeren Stichprobe mit einem standardisierten Befragungsinstrument evaluiert werden. Auch hier gilt das Gesetz des maßgeschneiderten Designs, wobei nicht auszuschließen ist, dass für unterschiedliche Bereiche entwickelte Erhebungsinstrumente auch in bestimmten Teilen auf andere Schulen übertragbar sind.

Selbstevaluation mit Schülerbeteiligung

Schüler werden als Evaluatoren oft nicht ernst genommen. Ihr Urteil ist genauso gering geschätzt wie gefürchtet, oder vielmehr: Es scheint gering geschätzt, *weil* es gefürchtet wird. Schülerbeteiligung bei Bestandsaufnahmen und Evaluationen ist ein heikles Thema. Verschiedene Beispiele machen unterschiedliche Formen und auch verschiedene Ausmaße von Schülermitwirkung deutlich.

Bei Maßnahmen von Schulentwicklung wird die Perspektive von Schülerinnen und Schülern häufig eingeholt, wenn es um eine Bestandsaufnahme verschiedener Bereiche des Schullebens geht. Sie werden mit zum Teil von ihnen selbst entwickelten Fragebogen zu ihrer Sicht von Schule befragt (vgl. hierzu Müller 1996 a–c). Die Möglichkeit einer solchen Bestandsaufnahme bietet auch das IFS-Schulbarometer, mit dessen Hilfe die Schulwirklichkeit aus der Perspektive von Lehrern, Schülern und Eltern aufgenommen werden kann (IFS 1997). Man kann hierbei die unterschiedlichen Sichtweisen der an Schule beteiligten Personengruppen miteinander vergleichen und zu Perspektiven für die Weiterentwicklung der Schule kommen. Diese Form der Schülerbeteiligung ist jedoch noch nicht als systematische Bewertung zu verstehen, denn dafür liegen bei einer Bestandsaufnahme noch keine Kriterien und Maßstäbe vor.

Die Erarbeitung eines Schulprogrammes oder Leitbildes für die Schule kann ein weiterer Anlass zur Schülermitwirkung sein. Das Gymnasium Liestal im Schweizer Kanton Baselland hat beispielsweise auf der Grundlage einer Bestandsaufnahme aus Lehrer- und Schülersicht zwei Entwürfe für ein Leitbild aus beiden Perspektiven erarbeitet und diese dann gemeinsam abgestimmt. (vgl. Müller/Marti/v. Weymarn 1996.)

Beurteilung von Schule aus der Sicht von Schülerinnen und Schülern kann auch im Rahmen eines Unterrichtsprojektes stattfinden. So hat beispielsweise ein Gymnasium in freier Trägerschaft mit verschiedenen Herangehensweisen Dokumentationen zum Schulalltag vonseiten der Schülerschaft eingeholt. Eine Klasse aus dem sechsten Jahrgang führte in einer Unterrichtsreihe von zwölf Unterrichtsstunden Schülerreportagen mit unterschiedlichen Medien durch. Die Schüler einer zehnten Klasse dokumentierten den Schulalltag mit verschiedenen gestalterischen Mitteln. Ein Pädagogikkurs des Jahrgangs elf interviewte Mitschüler aus dem siebten Jahrgang mithilfe eines selbstentwickelten Interviewleitfadens. (vgl. Hagstedt/Hildebrand-Nilshon 1980.)

Dokumentationen mit der Kamera durch Schülerinnen und Schüler beschreiben auch Schratz und Steiner-Löffler, die mit der Methode der Foto-Evaluation zwei Absichten verbinden: »...einerseits auszuloten, wo sich Schüler/innen unter derzeitigen

Bedingungen von Schule ›zuhause‹ fühlen (oder auch nicht); andererseits den Schüler/innen eine Möglichkeit zu bieten, selbst als Forscher/innen aktiv zu sein und für sie relevante Erkenntnisse am Arbeitsplatz Schule zu gewinnen (…)« (Schratz/Steiner-Löffler 1997, S. 79.)

Petra Herzmann beschreibt das Beispiel des Schüler(innen)-Lehrer(innen)-Arbeitskreises (SLAK) in der Max-Brauer-Gesamtschule in Hamburg-Altona. In diesem Arbeitskreis haben sich Lehrer und Schüler der Oberstufe zusammengefunden, um sich über verschiedene Bereiche des Schullebens auszutauschen. Der SLAK ist jedoch nicht als schulisches Gremium verankert und Herzmann schlussfolgert: »Solange der SLAK aber im rechtsfreien Raum angesiedelt bleibt, kann das Problem der ungeklärten Zuständigkeiten und der Konkurrenz des SLAK zu anderen Gremien in der Schule nur im Einzelfall ausgehandelt und nicht im Grundsatz geklärt werden.« (Herzmann 1997, S. 28.)

Diese kleine Auswahl von Beispielen zur Evaluation von Schule mit Unterstützung von Schülerinnen und Schülern, derer es sicherlich unendlich viele an Deutschlands Schulen gibt, soll nur ein kurzer Einblick in die verschiedenen Ansätze und Methoden in diesem Zusammenhang sein, mit unterschiedlichen Beteiligungsgraden, auf unterschiedlichen Ebenen und mit unterschiedlichen Konsequenzen für die Weiterentwicklung der Schule.

In diesem Aufsatz soll es nun vor allem um praktische Methoden und Instrumente im Zusammenhang des *Unterrichts* gehen. Darauf beziehen sich die folgenden Kapitel.

Der Lehrer und seine Klasse – Praxismodelle zur Evaluation von Unterricht mit Schülerinnen und Schülern

Bei Maßnahmen von Schulentwicklung und Evaluation wird der Unterricht oft ausgeklammert. Lehrerinnen und Lehrer sind »Einzelkämpfer« und was hinter der geschlossenen Klassentür geschieht, sollte möglichst dort bleiben. Die Lernergebnisse der Schülerinnen und Schüler sind ohnehin obligatorischer Bestandteil von Evaluation. Seine eigene Arbeit aber auch noch durch die Jugendlichen bewerten lassen, das ist in der Tat ein heikles Thema, das Lehrerinnen und Lehrer mit sehr gemischten Gefühlen sehen. Zum einen wäre es ja oft ganz hilfreich, mal zu erfahren, was die Schüler so von diesem oder jenem halten. Andererseits kann diese – wenn auch gewollte Kritik – so verletzend sein, dass es schwer fällt, konstruktiv damit umzugehen. Diese Argumente sind absolut ernst zu nehmen, ebenso wie die Meinung der Schülerinnen und Schüler wertgeschätzt werden sollte. Aber in vielerlei Hinsicht sind Schüler Experten für die Bewertung von Unterricht und eine verbesserte Qualität dieses Unterrichts hängt auch von ihnen ab. Eine Unterrichtspraxis, mit der sich Lehrer wie Schüler identifizieren und Zielsetzungen, denen sich beide »Parteien« verpflichtet fühlen, sollte alle Mal ein Gütekriterium für Unterricht sein.

Nachfolgend sind verschiedene Ansätze und Instrumente dargestellt, die einen Einstieg in eine Lehrer-Schüler-Unterrichtsevaluation ermöglichen können. Diese Instrumente sind zum Teil aus einem derzeit in Nordrhein-Westfalen und Brandenburg laufenden BLK-Modellversuch zur »Selbstevaluation von Schule«, der vom Dortmunder Institut für Schulentwicklungsforschung (IFS) betreut wird, von den beteiligten Schulen entwickelt worden. Darüber hinaus sind weitere Beispiele u.a. aus der Schweiz und Österreich aufgenommen.

Die Auswahl umfasst eine Bandbreite von Methoden und Herangehensweisen. Die Instrumente sind mit unterschiedlichem Arbeitsaufwand in allen Schulen einzusetzen und sind als Anregungen für solche Lehrpersonen gedacht, die ihre Unterrichtspraxis von Schülerinnen und Schülern einschätzen lassen möchten, mit der Perspektive, gemeinsame Kriterien für guten Unterricht zu entwickeln und in die Praxis umzusetzen.

Befragungen von Schülerinnen und Schülern zum Unterricht

Befragungen von Schülerinnen und Schülern zum Unterricht können sich auf unterschiedliche Aspekte beziehen. Im Folgenden sollen sechs Beispiele für Schülerbefragungen vorgestellt werden, die bereits in der Praxis erprobt wurden.

Fragebogen »Woran misst du die Qualität von Unterricht?«

Dieser Fragebogen wurde von einem österreichischen Schulleiter entwickelt und in seiner Schule eingesetzt. Er enthält relativ offene Leitfragen, die vor allem für ältere Schülerinnen und Schüler geeignet sind (siehe Instrument 1). Darüber hinaus werden Fragen zum Verhalten des Schulleiters aufgenommen. In adaptierter Form sind die Fragestellungen auch für Lehrpersonen anzuwenden, die Kriterien und Merkmale für eine Evaluation ihres Unterrichts durch ihre Klasse herausfinden wollen bzw. eine Bestandsaufnahme zu unterschiedlichen Aspekten erheben möchten. Die Fragen sind eher allgemein und nicht auf den betreffenden Lehrer persönlich bezogen. Insofern kommen sie nur als »Vorläufer« einer Evaluation infrage.

Instrument 1: **Fragebogen »Woran misst *du* die Qualität von Unterricht?«**
1. Glaubst du, den Unterricht, den du erlebst, später anders zu bewerten als gegenwärtig? (z.B. möchtest du derzeit viel Spaß haben, aber später einmal dir viel gemerkt haben!?) Ja/Nein? Warum?
2. Welche fachlichen und welche menschlichen Faktoren bestimmen aus deiner Sicht die Qualität eines dich unterrichtenden Lehrers? (Gib je fünf Merkmale an!)
3. Was sollte aus deiner Sicht für einen Lehrer wichtig sein, wenn er die Qualität seines Unterrichts überprüfen und verbessern will? (Gib fünf Merkmale an!)
4. Worin meinst du, dass deine Eltern gegenwärtig die Qualität des Unterrichts, den du in der Schule erlebst und als Schüler mitgestaltest, anders erleben und bewerten als du selbst? Was bewerten sie aus deiner Sicht ungleich, was gleich? Worauf legen deine Eltern besonderen Wert? (Gib in kurzen Sätzen oder Wortgruppen die fünf für dich wichtigsten Merkmale an!)
5. Worauf meinst du, sollte der Direktor in der Schule achten, damit Schüler »guten« Unterricht erleben? (Gib fünf Merkmale an!) Wie sollte er das machen? (Gib fünf Aufgabenbereiche dafür an!)
(Aus: Rauscher 1997, S. 173f.)

Fragebogen »Einschätzung des Unterrichts durch Schülerinnen und Schüler«

Dieser Fragebogen enthält drei offene Fragen zum Unterricht; zu Stärken und Schwächen sowie zu Veränderungswünschen (siehe Instrument 2). Er ist ebenfalls geeignet zur Eruierung von Evaluationskriterien.

Instrument 2: **Einschätzung des Unterrichts durch Schülerinnen und Schüler**
Institut für Schulentwicklungsforschung **Universität Dortmund** **© IFS – SchuB** Liebe Schülerinnen und Schüler, ich hätte gerne von euch eine Rückmeldung für meine Arbeit. Bitte schreibt Antworten auf die folgenden drei Fragen auf. Ich werde die Antworten auswerten und mit euch besprechen. Eure Anonymität soll gewährleistet werden. (Wenn ihr es wollt, bilden wir einen Schüler-Lehrer-Ausschuss oder einen reinen Schülerausschuss zur Auswertung.) *Stellungnahmen zum Unterricht von Schülerinnen und Schülern*
1. Was findet ihr an meinem Unterricht bzw. meinem Verhalten gut; was soll ich beibehalten?
2. Was findet ihr an meinem Unterricht bzw. Verhalten nicht so gut; was soll ich anders machen?
3. Was vermisst ihr an meinem Unterricht/Verhalten; worum soll ich mich in Zukunft mehr bemühen?

Fragebogen »Stellungnahme zum Unterricht durch Schülerinnen und Schüler«

Dieses Instrument ermöglicht eine Evaluation der Bereiche Lehrer, Unterricht, Klassenarbeiten und Klasse und geht damit ein Stück über die einzelne Unterrichtsstunde hinaus (siehe Instrument 3).

Instrument 3: Stellungnahme zum Unterricht durch Schülerinnen und Schüler

Institut für Schulentwicklungsforschung (IFS)
Universität Dortmund
© **IFS-SchuB**

Eine offene, faire und regelmäßige Rückmeldung an die Lehrer/innen über ihren Unterricht soll die Arbeit nicht leichter, aber ertragreicher machen. Sie soll zwischenmenschliche Hindernisse abbauen und verhindern, dass wir Frust in uns hinunterschlucken, bis wir uns nur noch mit Klagen helfen können. Aber eine schriftliche Befragung kann nie das Gespräch ersetzen, sondern soll dazu anregen. Deshalb erhaltet ihr die betreffenden Resultate der Umfrage zurück und wir reden dann darüber.

Bitte die unten aufgeführten Aussagen nach folgendem System bewerten:
=1 trifft immer zu, 2 = trifft oft zu, 3 = trifft selten zu, 4 = trifft nie zu.

Der Lehrer	**1**	**2**	**3**	**4**
1. hat Ahnung von seinem/ihrem Fach.				
2. kann den Stoff anschaulich vermitteln.				
3. beteiligt Schüler/innen an Entscheidungen.				
4. ist freundlich und geduldig.				
5. geht auf die Schüler/innen ein.				
6. ermutigt die Schüler/innen.				
7. lässt Kritik zu und geht darauf ein				
8. achtet auf ein ruhiges Arbeitsklima.				
9. stellt Bezüge zu aktuellen Themen her.				
10. fördert selbstständiges Denken und Arbeiten.				
11. informiert die Klasse über seine/ihre Unterrichtsziele.				
12. überprüft, ob der Unterricht das Ziel erreicht hat.				

Der Unterricht	**1**	**2**	**3**	**4**
13. ist praxisbezogen.				
14. ermöglicht Gruppen- und Partnerarbeit.				
15. ist mit unterschiedlichen Medien gestaltet (Video, Folien u.s.w.)				
16. stellt hohe Anforderungen an die Schüler/innen.				
17. lässt eigene Ideen und Arbeitsweisen der Schüler/innen zu.				
18. ist fächerübergreifend organisiert.				
19. lässt Raum für Einzelarbeit.				
20. enthält ausreichend Übungsphasen, lässt den Schülern/innen Zeit.				
21. ist klar und verständlich strukturiert (roter Faden ist vorhanden).				

Die Klassenarbeiten	**1**	**2**	**3**	**4**
22. entsprechen dem behandelten Stoff.				
23. verlangen mehr als nur Auswendiglernen.				
24. werden fair benotet.				
25. Über die Notengebung kann diskutiert werden.				
26. Die Aufgabenstellungen sind verständlich formuliert.				

Die Klasse	**1**	**2**	**3**	**4**
27. hat eine gute Beziehung zur Lehrperson.				
28. zeigt wenig Konkurrenzdenken.				
29. zeigt viel Interesse am Fach.				
30. arbeitet ruhig und konzentriert.				
31. ergreift die Initiative, den Unterricht mitzugestalten.				

Allgemeines	**ja**	**nein**
32. Ich möchte die Resultate dieser Befragung diskutieren.		
33. Ich denke, dass diese Befragungsaktion etwas verbessern wird.		

Vielen Dank für Eure Mitarbeit !!!

(Quelle: Rolff, H.-G./Buhren, C.G./Lindau-Bank, D./Müller, S.: Manual Schulentwicklung. Handlungskonzept zur pädagogischen Schulentwicklungsberatung. Weinheim und Basel 1998, S. 353f.)

Schülerfragebogen zur Einschätzung der Unterrichtsstunde

Der Schülerfragebogen zur Einschätzung der Unterrichtsstunde (siehe Instrument 4) wurde im weiter oben benannten BLK-Modellversuch »Selbstevaluation von Schulen« für eine Schule im Zusammenhang mit Unterrichtsbeobachtungen durch Lehrer und Schüler entwickelt. Er ist einzusetzen für die Beurteilung einer konkreten Unterrichtsstunde bzw. mehrerer Unterrichtsstunden im Rahmen einer Unterrichtseinheit mit anschließendem Feed-back. Er kann auch in mehr oder weniger regelmäßigen Abständen immer wieder verwendet werden.

Instrument 4: Schülerfragebogen zur Einschätzung der Unterrichtsstunde

Geschlecht	❒	Junge
	❒	Mädchen

Klasse/Kurs	
Datum	
Fach	

Welche Note hattest du in diesem Fach im letzten Zeugnis?	

Dieses Fach liegt mir nicht besonders.	❒	❒	❒	❒	Dieses Fach liegt mir besonders.
Dieses Fach mag ich nicht besonders.	❒	❒	❒	❒	Dieses Fach mag ich besonders.

Wie fandest du den Unterricht?					
eintönig	❒	❒	❒	❒	abwechslungsreich
unverständlich	❒	❒	❒	❒	verständlich
uninteressant	❒	❒	❒	❒	interessant
ermüdend	❒	❒	❒	❒	anregend
chaotisch	❒	❒	❒	❒	diszipliniert
abstrakt	❒	❒	❒	❒	anschaulich

Wie fandest du das Verhalten des Lehrers?					
streng	❐	❐	❐	❐	freundlich
ungerecht	❐	❐	❐	❐	gerecht
gleichgültig	❐	❐	❐	❐	unterstützend
gab sich keine Mühe	❐	❐	❐	❐	gab sich Mühe
entmutigend	❐	❐	❐	❐	ermutigend
tadelte/kritisierte	❐	❐	❐	❐	lobte
dominant	❐	❐	❐	❐	demokratisch

Wie fandest du dein Verhalten?					
undiszipliniert	❐	❐	❐	❐	diszipliniert
schlecht mitgearbeitet	❐	❐	❐	❐	gut mitgearbeitet
verkrampft	❐	❐	❐	❐	entspannt
eher ängstlich	❐	❐	❐	❐	eher locker
schlecht vorbereitet	❐	❐	❐	❐	gut vorbereitet

Fragebogen »Bewertung des Unterrichts«

Dieses Befragungsinstrument wurde von einer Sekundar-II-Schule in Bremen entwickelt und eingesetzt (siehe Instrument 5).

Instrument 5: Bewertung des Unterrichts

Bewertung des Unterrichts im Kurs:		Halbjahr 19

Der Unterricht							
ist abwechslungsreich	gar nicht	❒	❒	❒	❒	❒	sehr
ist anspruchsvoll	gar nicht	❒	❒	❒	❒	❒	sehr
Inhalte sind interessant	gar nicht	❒	❒	❒	❒	❒	sehr
Inhalte sind schwierig	gar nicht	❒	❒	❒	❒	❒	sehr
Inhalte sind wichtig	gar nicht	❒	❒	❒	❒	❒	sehr
Schüler/innen können aktiv sein	gar nicht	❒	❒	❒	❒	❒	sehr

Note für den Unterricht

1	2	3	4	5	6

Der Lehrer							
ist fachkompetent im Unterricht	gar nicht	❒	❒	❒	❒	❒	sehr
ist freundlich zu Schüler/innen	gar nicht	❒	❒	❒	❒	❒	sehr
handelt fair gegenüber Schüler/innen	gar nicht	❒	❒	❒	❒	❒	sehr
macht sich lustig über Schüler/innen	gar nicht	❒	❒	❒	❒	❒	sehr
ist humorvoll	gar nicht	❒	❒	❒	❒	❒	sehr
behandelt Schüler/innen kleinlich	gar nicht	❒	❒	❒	❒	❒	sehr
behandelt Schüler/innen mit Respekt	gar nicht	❒	❒	❒	❒	❒	sehr
handelt streng	gar nicht	❒	❒	❒	❒	❒	sehr
seine Benotung ist streng	gar nicht	❒	❒	❒	❒	❒	sehr
seine Stoffvermittlung ist verständlich	gar nicht	❒	❒	❒	❒	❒	sehr
hat ein Konzept	gar nicht	❒	❒	❒	❒	❒	sehr
nimmt Anregungen auf	gar nicht	❒	❒	❒	❒	❒	sehr
lässt Kritik zu	gar nicht	❒	❒	❒	❒	❒	sehr
ist pünktlich	gar nicht	❒	❒	❒	❒	❒	sehr
geht auf Schüler/innenprobleme ein	gar nicht	❒	❒	❒	❒	❒	sehr
fördert soziales Kursleben	gar nicht	❒	❒	❒	❒	❒	sehr

Noten für den Lehrer

1	2	3	4	5	6

Als Schüler im Unterricht:							
ich fühle mich im Unterricht wohl	gar nicht	❐	❐	❐	❐	❐	sehr
ich gehe gern zum Unterricht	gar nicht	❐	❐	❐	❐	❐	sehr
ich lerne hier etwas	gar nicht	❐	❐	❐	❐	❐	sehr

Noten für das Schülerleben im Kurs

1	2	3	4	5	6

Was ich noch sagen wollte:

....

....

....

....

....

....

Schulzentrum des Sekundarbereichs II Im Holter Feld, Bremen, nachzulesen in: Senator für Bildung, Wissenschaft, Kunst und Sport Bremen 1997, S. 73f.

Konzept »Lehrerbeurteilung durch Lernende – ein Modell der Union der Schülerorganisation Schweiz/Liechtenstein«

Das Konzept »Lehrerbeurteilung durch Lernende« (siehe Instrument 6) wurde im Rahmen eines Workshops der USO von Schülerinnen und Schülern entwickelt (Arbeitsgruppe Lehrerbeurteilung der Union der Schülerorganisationen Schweiz/Liechtenstein 1996). Es umfasst insgesamt fünf Modelle:

Instrument 6: »Lehrerbeurteilung durch Lernende – ein Modell der Union der Schülerorganisation Schweiz/Liechtenstein«

1. Fragebogen zur Lehrerbeurteilung
2. Durch Selbstbeurteilung zu Lehrerbeurteilung
3. Der konstruktive Fragebogen und das Klassenteam
4. Repräsentatives Beratungskomitee
5. Das Mentorat

Der *Fragebogen zur Lehrerbeurteilung* wird entweder übernommen oder selbst entwickelt von Schülerinnen und Schülern. Mögliche Kriterien könnten dabei sein:

- Vorbereitung der Lehrperson auf den Unterricht
- Kenntnisse der Neuheiten ihres Faches
- Interesse am Unterricht
- Fähigkeit, sich richtig einzuschätzen
- Fähigkeit, das Interesse ihrer Schüler zu wecken
- Auftreten und Verhalten gegenüber der Klasse
- Benotungssystem (Prüfungen, mündliche Noten)
- Fähigkeit den Stoff in einen breiten Zusammenhang einzubetten
- Art der Erklärung
- Aufgabenstellung und Präzision
- Verhältnis Lehrende-Lernende
- Offenheit und Anregung zur Diskussion
- Fähigkeit zur Beurteilung der Wichtigkeit ihres Faches im Verhältnis zu anderen Fächern
- persönliche Initiativen und Ideen
- Gebrauch von Unterrichtsmaterial
- Respekt gegenüber den Schülern

(USO 1996, S. 6f.)

Ein *Fragebogen zur Selbstbeurteilung* könnte folgende Leitfragen umfassen:

- Gehe ich gern zur Schule?
- Wie ist meine persönliche Einstellung gegenüber den einzelnen Unterrichtsstunden?
- Wie weit versuche ich, mich aktiv am Unterricht zu beteiligen?
- Wie weit nehme ich Chancen zur Mitgestaltung des Unterrichts wahr?
- Wie weit wohne ich dem Unterricht aufmerksam bei?
- Wie begegne ich meiner Lehrperson?
- Wie nehme ich die Beurteilung durch meine Lehrperson auf?
- Trage ich selbst zu einem guten Arbeitsklima bei?

(USO 1996, S. 9)

Die Selbstbeurteilung soll auf der Grundlage einer kritischen Einschätzung des eigenen Unterrichtsverhaltens zum Austausch mit der Lehrperson führen, die dann in einem nächsten Schritt durch Schülerinnen und Schüler bewertet wird.

Bei dem Modell »*Der konstruktive Fragebogen und das Klassenteam*« wird ein aus vier bis sechs Schülern bestehendes Klassenteam gewählt, das einen Fragebogen zur Beurteilung des Lehrers ausarbeitet und das Ergebnis mit der Klasse abstimmt. Der so entstandene Fragebogen sollte einmal im Semester bzw. Schuljahr eingesetzt werden. Die Auswertung erfolgt über das Klassenteam mit dem beurteilten Lehrer.

Das »*Repräsentative Beratungskomitee*« wird für die Laufzeit eines Schuljahres als neutrales Gremium gewählt. Es besteht aus gleich vielen Schülern und Lehrern und fungiert als Vermittler zwischen Lehrerschaft und Schülerschaft in verschiedenen Fällen.

Das »*Mentorat*« ist eine Aufgabe, mit der pro Fachlehrer ein Schüler gewählt wird. Die beiden Personen führen mindestens einmal pro Woche Gespräche über den Unterricht. Darüber hinaus finden regelmäßig Klassengespräche unter Beteiligung des Klassenlehrers statt. Dieses Modell setzt eine hohe Vertrauensbasis und Veränderungsbereitschaft seitens der beteiligten Lehrpersonen voraus.

Unterrichtsbeobachtungen durch Schülerinnen und Schüler

Schülerinnen und Schüler sind ständig sowohl Akteure als auch Beobachter von Unterricht. Um diese subjektiven Eindrücke objektivierbar zu gestalten, bedarf es eines besonderen Beobachtungsdesigns, muss festgelegt werden, was, wann, wie, wo, von wem beobachtet werden soll. Vorab müssen folgende Fragen geklärt sein:

- Welches Ziel soll die Unterrichtsbeobachtung haben?
- Was muss ich beobachten, um dieses Ziel zu erreichen?
- Welches Instrument brauche ich für diese Beobachtung?
- Wer soll mit diesem Instrument beobachten?
- Wer soll beobachtet werden?
- In welchem zeitlichen Rahmen soll beobachtet werden?
- In welchem organisatorischen Zusammenhang? (z.B. Unterrichtsstunde, Phase der Gruppenarbeit in der Unterrichtsstunde etc.)
- Wie kann die Beobachtung ausgewertet werden?
- Wer ist für die Auswertung verantwortlich?
- Wie werden Ergebnisse der Beobachtung ausgetauscht?
- Was kann aus der Beobachtung folgen?

Beobachtung im Unterricht kann sich sowohl auf das Schüler- wie auf das Lehrerverhalten beziehen, je nachdem, was Gegenstand der Beobachtung sein soll. Wenn Schüler die Rolle des Beobachters übernehmen sollen, ist es sinnvoll, einen möglichst übersichtlichen Beobachtungsbogen zu entwickeln, der einfach zu handhaben ist. Auch die Beobachtungskategorien sollten so konkret wie möglich formuliert sein. Daher müssen Indikatoren für eine bestimmte Beobachtungskategorie gefunden werden, die gut zu beobachten sind. Je genauer diese Indikatoren formuliert sind, desto einfacher können Strichlisten zu den beobachteten Sachverhalten geführt werden.

Wenn der Beobachtungsbereich nicht so konkret zu fassen ist, wird die Beobachtung anspruchsvoller, denn der Bogen wird offener und muss vom Beobachter mit Text gefüllt werden. Beobachtungsbogen sollten immer in einem Vorlauf getestet werden um festzustellen, ob die beobachtende Person damit zurecht kommt und ob er den angestrebten Zielsetzungen gerecht wird.

Evaluation als Bestandteil des Pädagogik-Curriculums – ein Pädagogikkurs als »Ansprechpartner« für Evaluationsvorhaben

Evaluationsvorhaben in Schulen bleiben häufig einmalige Aktionen. Evaluation ist jedoch mit Entwicklung verbunden und sollte daher ein kontinuierlicher Prozess sein. Um Schülerinnen und Schüler in einen solchen Prozess einzubinden, kann man sie befragen. Man kann aber auch Evaluation zum Gegenstand des Curriculums machen, wozu sich besonders der Pädagogikunterricht der Oberstufe eignet. Dort sollen Jugendliche ohnehin mit Methoden der empirischen Sozialforschung vertraut gemacht werden. Und wie ginge dies authentischer als mit Daten aus dem eigenen Schulalltag?

Zum einen könnten die Schülerinnen und Schüler Themen und Bereiche des Schullebens sammeln, die für sie selbst von Interesse sind. Dazu können mit Unterstützung des zuständigen Fachlehrers angemessene Instrumente erarbeitet, eingesetzt und ausgewertet werden. Insbesondere könnten aber auch Unterrichtsstunden Gegenstand solcher Evaluationen werden, indem einzelne Klassen gemeinsam mit ihrem Lehrer Aspekte zur Evaluation ihres Unterrichts auswählen, zu denen dann der Pädagogikkurs die entsprechenden Instrumente liefert, und diese unter gegebenen Umständen auch selbst einsetzt (z.B. Befragungen von Schülerinnen, Beobachtung des Unterrichts nach festgelegten Kriterien etc.). Diese Variante schlägt mehrere »Fliegen mit einer Klappe«, stellt einen hohen Beteiligungsgrad der Schülerinnen und Schüler sicher und erhöht die Sensibilität wie die Methodenkompetenz der Beteiligten. Darüber hinaus verankert es Evaluation im Schulalltag ohne äußeren Zwang und die Pflicht der Rechenschaftslegung nach außen.
Als Ansprechpartner für solche schulinterne Evaluationsvorhaben können natürlich auch Mitglieder der SV oder ein Arbeitskreis »Evaluation«, bestehend aus Schülern und Lehrern, fungieren.

Was man grundsätzlich beachten sollte

Die im vorangegangenen Kapitel vorgestellten Ansätze und Instrumente sind Methoden des Einstiegs in eine gemeinsame Unterrichtsevaluation von Schülern und Lehrern mit der Perspektive der Verbesserung des Unterrichts. An dieser Stelle sollen noch einige grundsätzliche Aspekte benannt werden.

- Um eine authentische Evaluation zu erreichen, sollte sowohl die Perspektive der Lehrer und Schüler einbezogen werden als auch beide »Parteien« Gegenstand der Beurteilung sein. Der Lehrer sollte v.a. seine selbstgesetzten Zielperspektiven und Bewertungsmaßstäbe für seinen Unterricht kritisch reflektieren. Schülerinnen und Schüler sollen ihrerseits neben der Bewertung des Unterrichts auch zu ihrem eigenen Verhalten Bewertungskriterien finden.
- Die Evaluation muss Konsequenzen haben. Die Bereitschaft zur Veränderung des eigenen Verhaltens sollte auf beiden Seiten gegeben sein. Der Grund der Evaluation sollte allen Beteiligten klar sein.
- Es sollten Regeln vereinbart werden, z.B. zum Datenschutz. So muss sichergestellt sein, dass Schülern, die ihren Lehrer kritisch einschätzen, daraus keine Nachteile erwachsen. Auf der anderen Seite darf der Lehrer nicht »unter der Gürtellinie« getroffen werden. Es muss sichergestellt sein, dass man mit den Ergebnissen weitermachen kann, egal wie sie ausfallen. Darauf müssen die Instrumente abgestimmt sein. Man sollte vor bösen Überraschungen weitgehend sicher sein.
- Die Fragestellung der Evaluation sollte möglichst konkret sein. Bei der Entwicklung der entsprechenden Befragungsinstrumente muss feststehen, was man genau erfahren möchte. Bei einer Evaluation von Unterricht kann es z.B. um Unterrichtsmethoden, Unterrichtsinhalte, Lehrerverhalten, Schülerverhalten, Hausaufgaben, Klassenarbeiten und vieles mehr gehen. Zu jeder Frage sollte im Vorfeld feststehen, was mit ihrem Ergebnis hinsichtlich weiterer Entwicklungen angefangen werden kann. Die Fragestellungen sollten möglichst genau auf den eigenen Unterricht zugeschnitten sein, sollten sich auf die Bewertung konkreter Praxis beziehen.
- Die entwickelten Instrumente sollten in jedem Fall an einer geringen Anzahl von Befragten auf ihre Tauglichkeit hin »pregetestet« werden.
- Zu jeder Evaluation muss ein Feed-back mit allen Beteiligten erfolgen. Es kann sinnvoll sein, unbeteiligte Personen zur Moderation hinzuzuziehen.
- Aus den Ergebnissen der Evaluation sollten Verpflichtungen für Lehrer und Schüler erwachsen, deren Einhaltung und Umsetzung in einem nächsten Schritt überprüft werden. Evaluation von Unterricht sollte keine Eintagsfliege bleiben.

Literatur

Arbeitsgruppe Lehrerbeurteilung der Union der Schülerorganisationen Schweiz/Liechtenstein (USO) : Lehrerbeurteilung durch Lernende. Luzern 1996

Altrichter/Buhren, CG.: Schulen vermessen oder entwickeln? In: Journal Schulentwicklung s.e, Heft 3/1997, S. 4–21

Buhren, C.G.: Selbstevaluation mit Qualitätsindikatoren – ein Praxismodell. In: Journal Schulentwicklung s.e, Heft 3/1997, S. 70–74

Buhren, C.G./Killus, D./Müller, S.: Wege und Methoden der Selbstevaluation. Ein praktischer Leitfaden für Schulen. Dortmund 1998

Buhren, C.G./Killus, D./Kirchhoff, D./Müller, S.: Qualitätsindikatoren für Schule und Unterricht. Ein Arbeitsbuch für Kollegien und Schulleitungen. Dortmund 1999

Fend, H. u.a.: Gesamtschule und dreigliedriges Schulsystem. Stuttgart 1976

Götz, K.: Zur Evaluierung beruflicher Weiterbildung. Band 1. Theoretische Grundlagen. Weinheim 1993

Hagstedt, H./Hildebrand-Nilshon, M. (Hrsg.): Schüler beurteilen Schule. Analyse und Interpretation von Dokumenten zum Schulalltag aus dem Blickwinkel von Schülern. Düsseldorf 1980

Hameyer, U.: Schulqualität sichern. In: Schulleitung und Schulentwicklung. Teil E 3.1 Berlin 1997

Herzmann, P.: Schüler-Lehrer-Arbeitskreis. In: Pädagogik Heft 5/1997, S. 26–29

Institut für Schulentwicklung (IFS): Das IFS-Schulbarometer. Ein mehrperspektivisches Instrument zur Erfassung von Schulwirklichkeit. Neufassung 1999 Dortmund 1999

Journal Schulentwiclung s.e. Heft 3/1997

Kromrey, H.: Evaluation. Empirische Konzepte zur Bewertung von Handlungsprogrammen und die Schwierigkeiten ihrer Realisierung. In: Zeitschrift für Sozialisationsforschung und Erziehungssoziologie (ZSE), Heft 4/1995, S. 313–336

Landesinstitut für Schule und Weiterbildung (lsw): Selbstevaluation – Ein Beitrag zur Qualitätsentwicklung von Einzelschulen? Soest 1995

Maritzen, N. Indikatoren zu Qualitätsmerkmalen der Einzelschule (Manuskript 02.05.1997)

Müller, S.: Schüler an Schulentwicklung beteiligen. In: Pädagogik Heft 1/1996, S. 22–24a

Müller, S.: Beteiligung von Schülerinnen und Schülern an innerschulischen Entwicklungsprozessen. Das Fallbeispiel der Hauptschule S. In: Buhren, C.G./Rolff, H.-G. (Hrsg.): Fallstudien zur Schulentwicklung. Weinheim und München 1996, S. 177–205 b

Müller, S.: Schulentwicklung und Schülerpartizipation. Möglichkeiten der Beteiligung von Schülerinnen und Schülern an innerschulischen Entwicklungsprozessen untersucht am Fallbeispiel der Hauptschule E. Neuwied 1996 c

Müller, S. Marti, J./Weymarn, C.V.: Unbequem sein lohnt sich. In: Erziehung und Wissenschaft Heft 11/1996, S. 40

Rauscher, E.: Schulqualität – Initiativen eines Schulleiters. In: Posch, P./Altrichter, H.: Möglichkeiten und Grenzen der Qualitätsevaluation und Qualitätsentwicklung im Schulwesen. Innsbruck/Wien 1997, S. 156–204

Rolff, H.-G.: Einleitung: Konjunkturen und Formen der Evaluationsforschung In: Zeitschrift für Sozialisationsforschung und Erziehungssoziologie (ZSE) Heft 4/1995, S. 291–293

Rolff, H.-G./Buhren, C.G./Lindau-Bank, D./Müller, S.: Manual Schulentwicklung – Ein Handbuch zur pädagogischen Schulentwicklungsberatung (SchuB). Beltz 1998.

Schratz, M./Steiner-Löffler, U.: Achtung Aufnahme! Schüler/innen erforschen Schulkultur. In: Journal Schulentwicklung s.e., Heft 3/1997, S. 79–82

Senator für Bildung, Wissenschaft, Kunst und Sport des Landes Bremen: 1. Zwischenbericht zum Modellversuch »Qualitätssicherung durch Evaluation«. Bremen 1997

Wottawa, H./Thierau, H.: Lehrbuch Evaluation. Bern/Stuttgart/Toronto 1990

Maria Anna Kreienbaum

Koedukation reflexiv gestalten

In den Siebzigerjahren wurde die Koedukation an weiterführenden Schulen flächendeckend eingeführt. Sie galt zunächst als Meilenstein für die Verwirklichung der Chancengleichheit von Mädchen und Jungen, denn sie trug dazu bei, dass heute in etwa gleichviel Mädchen wie Jungen Abitur machen und studieren. Dennoch gibt es immer noch offene und mittelbare Diskriminierungen im Schulalltag. Eine naive oder rein formell durchgeführte Koedukation wird seit langem kritisiert. Gute Noten führen nicht automatisch zu Selbstbewusstsein. Konzepte zur »Mädchenförderung« wurden entwickelt und erprobt. Sie sind dann besonders wirksam, wenn sie als fester Baustein im Schulprogramm verankert sind.

Zwei Wege zu einer qualifizierten Koedukation möchte ich in diesem Beitrag vorstellen: Schulorganisatorische Maßnahmen und didaktische Ansätze, die die Geschlechtererziehung im Kontext einer Erziehung zur Demokratie begreifen. Um die Chancen, die mit Koedukation verbunden sind, zu nutzen, ist es sinnvoll, beide Wege zu gehen.

Kritik am unreflektierten Umgang mit Geschlechterrollen und -stereotypen

Seit mehr als zehn Jahren erforschen Lehrerinnen und Sozialpädagogen, Eltern, Schüler und Studentinnen mögliche Benachteiligungen, die Mädchen in Schule und Jugendzentren erleiden, beraten spontane und spätere Folgen einer zwar formalen Gleichheit mit faktischer Einschränkung, diskutieren über Rollenklischees und mangelnde Förderung. Seit dieser Zeit wissen wir, dass im Unterricht die Leistungen von Frauen in Politik, Wissenschaft und den Künsten zu wenig hervorgehoben werden, dass ihren Beiträgen und ihnen als Personen zu wenig Aufmerksamkeit zuteil wird, dass Frauen und Mädchen z.B. in Fremdsprachen-Lehrbüchern selten anders als als Mütter oder kleine Schwestern vorkommen, dass als Folge davon Mädchen lernen, sich zurückzunehmen statt sich zu erproben und dass sich dies an Fachwahlen und noch viel deutlicher an Berufswegen ablesen lässt.

Auf drei Ebenen lässt sich ein »heimlicher Lehrplan der Geschlechtererziehung« feststellen: auf der institutionellen Ebene, der Interaktionsebene und bei den Unterrichtsinhalten. Zahlreiche empirische Untersuchungen haben dies in Deutschland wie auch in Skandinavien und im anglo-amerikanischen Raum belegt.

Diskriminierungen auf der institutionellen Ebene zeigen sich beim Blick auf die Statistiken.

- Führungspositionen in Schulen werden mehrheitlich von Männern besetzt.
- Frauen sind für jüngere Kinder zuständig, ihr Anteil an Lehrpersonen der Grundschule liegt bei über 80%.
- Frauen haben in Grundschulen die Mehrheit, in der Sekundarstufe I unterrichten gleich viele Frauen wie Männer, aber hier gilt: Frauen haben Teilzeitstellen, Männer leiten die Schulen.
- Der Anteil der Professorinnen liegt bundesweit bei 6,8%.

Die Folgen sind eklatant und fordern zum Handeln auf: Mädchen fehlen Modelle von Frauen in Führungspositionen. Bei der Berufsorientierung achten sie nicht auf Aufstiegschancen, für die eigene Berufslaufbahn ziehen sie Führungspositionen selten in Betracht und – sind entsprechende Stellen zu besetzen – sind sie nicht spontan bereit, diese zu übernehmen. Junge Frauen müssen oft ein-, zweimal gefragt werden, bevor sie anfangen, über Karriere nachzudenken und überhaupt bemerken, dass sich hier eine Herausforderung oder eine Gelegenheit bietet. Sie brauchen Ermutigung, damit sie sich stark genug fühlen, den Wettkampf aufzunehmen und Konkurrenzsituationen auszuhalten, statt sie zu vermeiden oder sogar solche Herausforderungen zu suchen. Deshalb müssen sie ihre Potenziale kennen, müssen ihre Fähigkeiten und Möglichkeiten einschätzen und ausbauen lernen.

Die Debatte um Chancengleichheit in der Schule ist längst um den Blick auf Jungen und ihre Probleme und Behinderungen im Schulalltag erweitert worden. Und wie immer eine notwendige Mädchenförderung in Schulen aussehen mag – ohne eine bewusste Jungenförderung kann sie nicht funktionieren. Konzepte, die Benachteiligungen verhindern wollen, dürfen dies nicht zulasten der einen oder anderen Gruppe tun. Die vordringliche Frage lautet deshalb: Wie kann Schule, statt heimliche Botschaften über das Geschlechterverhältnis zu vermitteln, Mädchen und Jungen zu starken Persönlichkeiten erziehen?

Von Mädchen und Jungen wird bei der Lebensplanung, in Interaktionen, im Lernverhalten Unterschiedliches erwartet. Viele Jungen spüren in sich den Imperativ, besser sein zu müssen als Mädchen. Statt die Realität zu akzeptieren, dass es Mädchen gibt, die körperlich gleich stark oder stärker oder ebenso klug oder klüger sind, suchen sie Erklärungsmuster und versuchen, sich gegen die erlebte Ungerechtigkeit zu wehren. Sie entwickeln Strategien, um Aufmerksamkeit zu erregen, sie stören, um Lernprozesse zu beeinflussen und so ganz nebenbei lernen sie wichtige Techniken und entwickeln Durchsetzungsvermögen, die sie später für führende Positionen und Aufstiegsorientierung brauchen. Da wir alle ein Interesse daran haben, als Frauen oder Männer erkannt und anerkannt zu werden, wählen wir aus dem »Sample« der uns zur Verfügung stehenden Verhaltensmuster diejenigen aus, die unser Geschlecht sichtbar werden lassen. Wie wir uns verhalten, das hängt vom Kontext ab. Dasselbe Mädchen, dieselbe Frau, derselbe Junge oder Mann verhält sich in unterschiedlichen Gruppen jeweils ganz anders. Dazu gibt es eindrückliche Belege aus der Forschung: In Computerkursen mit Jungen sind Mädchen eher zurückhaltend und zuarbeitend und Jungen versuchen, wo immer es geht, einer »Expertenrolle« gerecht zu werden (Metz-Göckel, Kauermann-Walter 1992). Sind sie aber unter sich, so zeigen Mädchen eine größere Rollenvielfalt bis hin zu Dominanzverhalten. In gemischten Sportgruppen wurde beobachtet, dass Mädchen z.B. beim Volleyballspiel vorgeben, die Regeln nicht zu beherrschen und hilflos zu sein. Dieselben Mädchen in einem Mädchen-Volleyballspiel zeigen, dass sie sehr wohl die Regeln beherrschen und diese auch nach den Anforderungen der Gruppe verändern können. Aus derartigen Studien lässt sich schlussfolgern, dass Verhalten entscheidend von den Kontexten abhängt, in denen es sich zeigt, dass deshalb Schule unterschiedliche Kontexte bereitstellen muss, in denen sich die Heranwachsenden erproben können.

Bewusste Koedukation als ein Baustein im Schulprogramm

»Wir freuen uns, dass Sie Ihre Töchter und Söhne auf unserer Schule angemeldet haben« begrüßt ein Schulleitungsmitglied die Eltern beim Informationsabend für zukünftige 5. Klassen. »Wir sind stolz auf unser Modell einer bewussten Koedukation, das gleichzeitig ein wichtiger Baustein unseres Schulprogramms ist. Zehn Fächer stehen auf dem Stundenplan, neun davon werden im Klassenverband unterrichtet, d.h. alle Kinder lernen gemeinsam. In einem Fach ist das anders. Die Klassen 5a und 5b haben zur selben Zeit ihre Deutschstunden. In diesen Deutschstunden trennen wir Mädchen und Jungen. Zwar ist Koedukation – also der gemeinsame Unterricht von Mädchen und Jungen – eine Errungenschaft der jüngeren Zeit, die zu mehr Chancengleichheit geführt hat und niemand möchte zurück zu Mädchen- oder Jungenschulen, aber es hat sich gezeigt, dass trotzdem noch zahlreiche Benachteiligungen stattfinden. Unsere Schule erprobt deshalb einen neuen Weg. Wir nennen ihn die zufällige methodische Trennung.«

So könnte ein Elternabend beginnen, auf dem das Konzept vorgestellt und in etwa so erläutert wird, wie dies im Folgenden geschieht. Eine wichtige Voraussetzung für das Gelingen wäre damit gegeben: Wenn die Schulleitung den Eltern das Konzept erläutert, stellt sie sich damit klar hinter diesen Baustein des Schulprogramms und zeigt so, dass die »Schule« insgesamt das Konzept trägt.

Zentral für das Prinzip der »zufälligen methodischen Trennung« (Kreienbaum 1996) ist die Erkenntnis, dass nur da, wo beide Geschlechter zusammentreffen, das Geschlecht überhaupt eine Rolle spielt. Mädchen und Jungen mahnen sich gegenseitig daran, sich entsprechend den Erwartungen der Geschlechterrolle zu verhalten und das kann zu Rollenkonflikten führen, wenn ein Mädchen sich z.B. in Physik hervortun könnte, die Geschlechternorm aber von ihr verlangt, sich in dieser »Männerdomäne« zurückzuhalten.

Das Prinzip *der zufälligen methodischen Trennung* versucht, den multikausalen Zusammenhang zu berücksichtigen und den notwendig komplexen Bedingungen durch *Flexibilität* und *Kontinuität* gerecht zu werden. Es erlaubt ein variables und vorsichtiges Vorgehen, denn es kann gleichzeitig auf alle Klassen angewandt oder zunächst in einem Jahrgang oder auch nur in wenigen Klassen erprobt werden. Der Begriff *zufällig* verweist darauf, dass nicht festgelegt ist, in welchem Fach eine Lerngruppe getrennten Unterricht für Mädchen und Jungen erhält. Die Auswahl treffen die Lehrer/innen, die eine Klasse unterrichten, gemeinsam. Das *methodische* Element liegt darin, dass die Entscheidung für eine partielle Trennung in (mindestens) einem Fach erfolgt und damit den Mädchen und Jungen das Erfahrungsfeld einer geschlechtshomogenen Lerngruppe systematisch eröffnet wird.

Dieser Ansatz greift die aktuelle Koedukationsdebatte bzw. die Befunde der Koedukation und die Vorteile geschlechtergetrennter Erziehung auf (ohne die Nachteile getrennter Erziehung zu verkennen) und vertritt die Notwendigkeit einer Reform der Schule und des Lernens. Statt Wissensvermittlung und Lernkontrolle betont die moderne Lehr-/Lernforschung die Initialisierung von Lernprozessen und die zunehmende Selbstverantwortlichkeit der Lernenden.

Innerhalb der Koedukation ist die zufällige methodische Trennung eine *begrenzte Intervention*, denn pro Halbjahr wird in einem Fach getrennter Unterricht angeboten, alle anderen (acht bis zehn) Unterrichtsfächer finden koedukativ statt. Dies mag im 1. Halbjahr der 5. Klasse der Deutschunterricht, im 2. Halbjahr Biologie sein, in der sechsten Klasse folgen Englisch und Physik, etc. Anders als in den bereits üblichen Verfahren der Geschlechtertrennung in bestimmten Fächern oder Themengebieten wie Sport oder Informatik verlangt die zufällige, methodische Trennung keine besonderen fachlichen Voraussetzungen. Sie begründet sich nicht in fachlichen Erwägungen wie unterschiedlichem Technikzugang. Sie ist vielmehr ein Weg, innerhalb der Koedukation bewusst unterschiedliche Geschlechter- und Lernarrangements einzusetzen und zu nutzen. Damit erkennt dieses Prinzip zunächst einmal die Vorteile des gemeinsamen Unterrichts von Mädchen und Jungen an. Dies ist z.B. die realistische Einschätzung des jeweils anderen Geschlechts, das im täglichen Miteinander erlebt wird.

Lernen als Ziel und als Weg begreifen

Die Aufdeckung von Faktoren, die Mädchen und Frauen im Schulalltag benachteiligen, führte zu Diskussionen über notwendige pädagogische Reformen des Schulsystems insgesamt und dazu, den *Lernbegriff* und seine Bedingungen zu reflektieren und neu zu bestimmen. Klafki (1985) betont die Wechselbeziehungen in Lehr-/Lernprozessen. Auch die Lehrenden lernen von ihren Schüler/innen. Offenheit für Prozesse und eine Bereitschaft, sich auf die jeweilige Gruppe einzulassen, müssen Lehrer/innen mitbringen. Entsprechend verändert sich die Aufgabe der Lehrpersonen von Wissensvermittlern zu Initiatoren und Koordinatoren von Lernprozessen und zu Lernbegleitern und -beratern.

Das Selbstverständnis schulischer Lernprozesse hat sich in den letzten Jahren, insbesondere an Grundschulen, deutlich verändert. Eigenverantwortlichkeit und Selbstständigkeit sind die wichtigsten Ziele. Lehrer/innen haben den gesetzlichen Auftrag zu unterrichten *und* zu erziehen und sie nehmen diesen doppelten Auftrag zunehmend an. Im Zuge der Bewegung zu mehr Gestaltungsautonomie hat sich eine pädagogische Debatte um zeitgemäße Erziehungsziele entwickelt.

Ziele der Erziehung sind

- selbstbewusste unabhängige Persönlichkeiten mit eher hoher Toleranzschwelle gegenüber Frustrationen, dazu gehört es z.B. auszuhalten, dass manches gar nicht oder nicht sofort zu ändern ist;
- verständige und interessierte Menschen, die neugierig sind und etwas herausfinden wollen, die ihre eigenen Potenziale entdecken und ausbauen möchten, die sich an ihre Grenzen herantasten und sie zu überwinden suchen und die dabei
- das Risiko, Fehler zu machen oder zu scheitern, eingehen;
- die immer wieder neue Wege gehen und nicht nur ausgetretene Pfade;
- die lernen, mit Fremdheit, die zum Grenzen überschreiten gehört, umzugehen, aber nicht, indem sie einfach drauflosmarschieren oder rücksichtslos vorgehen
- und lernen, die Folgen des eigenen Handelns abzuschätzen, die Realität zu prüfen, die »probehandeln« und in einem Moment des Zögerns die Konsequenzen ihres Tuns überdenken und die Verantwortung dafür übernehmen;
- Soziales Lernen – in der Definition von Regina Becker-Schmidt – ist die Fähigkeit, mit sich, seinen Mitmenschen und seiner Umwelt auszukommen, ohne Schaden zu nehmen oder anderen Schaden zuzufügen.

Aufgaben und Rolle der Lehrpersonen in Lernprozessen

Lehrer/innen führen die Schüler/innen an ihre individuellen Grenzen heran. Sie begleiten sie beim Grenzen-Überschreiten. Sie unterstützen und ermuntern sie darin, dass sich die Mühe lohnt, das Risiko des Fehlermachens und des Scheiterns einzugehen und daraus zu lernen. Sie helfen dabei, Strategien zu entwickeln, wie man mit Fremdheit umgeht, die immer dann eintritt, wenn Grenzen überschritten und Neuland betreten wird, und wie man sich Fremdes vertraut macht (vgl. Becker-Schmidt 1986). Auch Lehrer/innen müssen sich dabei auf Unvertrautes einlassen: Mädchen- oder Jungengruppen mögen jeweils Unterschiedliches von ihnen fordern. Lehrer/innen müssen sich darüber klar werden, welche Voraussetzungen Mädchen und Jungen für einen Stoff mitbringen und sie da abholen, wo sie stehen, sie müssen sie durch geeignete Text- und Themenwahl motivieren, Methoden zur Aktivierung wählen, ihnen Raum geben, sie fordern und fördern.

Neben *Flexibilität* (das Fach wird regelmäßig gewechselt) und *Kontinuität* (in jedem Fach bleibt das Lernarrangement für jeweils ein Schulhalbjahr erhalten) ist *Reflexion* bestimmendes Merkmal der zufälligen methodischen Trennung.

Schüler/innen berichten sich gegenseitig über ihre Erfahrungen, beraten darüber (getrennt und gemeinsam) und diskutieren, ob und welche der Effekte, die sie in einem der beiden Kontexte beobachten, sie sich für das schulische Lernen insgesamt wünschen (oder verändern möchten). Sie klären, welche Bedingungen dafür notwendig sind und vereinbaren, die neuen Standards zu erproben. Sie müssen für sich erkennen, unter welchen Bedingungen das Lernen gut funktioniert und miteinander und mit den Lehrpersonen aushandeln, dass sie zur Verfügung stehen.

Auch für Lehrer/innen stehen Veränderungen an, die unter Kollegen/innen reflektiert werden müssen: Bisherige Erfahrungen mit Geschlechtertrennung zeigen, dass Mädchen lebhafter und selbstbewusster auftreten, wenn sie unter sich sind. Deshalb gilt es, innerhalb eines Kollegiums oder in der Gruppe derjenigen, die getrennte Lernangebote machen, die Erfahrungen auszutauschen, die Veränderungen darzustellen und zu überlegen, wie dies ggf. in den allgemeinen Unterricht einfließen kann.

Für *Mädchen- und Jungenkonferenzen* wie auch für die *Lehrer/innen-Konferenzen* ist es wichtig, dass sie gut moderiert und begleitet werden. Sie sind der wichtigste Baustein des Konzepts, exemplarisch kann hier die Wahrnehmung geschult, Selbst- und Mitbestimmungsfähigkeit und Solidaritätsfähigkeit, die nach Klafki den Bildungsbegriff ausmachen, erworben werden und ein Hineinwachsen in demokratische Strukturen erfolgen.

Lehrerinnen und Lehrer können sich auf ein pädagogisches Grundsatz-Programm verständigen. Sie können ihre grundlegenden Ideen in einer Art Präambel Überlegungen zum pädagogischen Profil ihrer Schule voranstellen:

Worauf kommt es beim Lernen in der Schule an?

Überlegungen zu gemeinsamen Lehr- und Lernvorstellungen eines Kollegiums – Ziele und Selbstverständnis

- *Soziale Lernziele* sind ebenso wichtig wie *Sachlernen*
- *Zunehmende Reversibilität im Lernprozess* heißt, die Schüler/innen als (zukünftig) gleichwertige, gleich kluge Partner im Lernprozess anerkennen, ihnen Ideen, Gestaltungsräume eigenverantwortlich überlassen, sie zunehmend als Gegenüber, nicht als Unterlegene betrachten, *bereit sein, von ihnen zu lernen*
- *Stille Mädchen (und Jungen) aus der Reserve locken:* Allen Schüler/innen die Möglichkeit bieten, sich in vielfältigen Rollen zu erproben, dabei die eigenen Potenziale zu entdecken, zu entwickeln und lernen, Grenzen zu überschreiten
- *Arbeitsfähigkeit in Gruppen erlernen,* auch da, wo keine Freundschaften bestehen, kann zusammengearbeitet werden. Das funktioniert nur, wenn auch im Kollegium Zusammenarbeit erkennbar stattfindet
- *Professionalisierung:* Sich als Lehrer/in als Vorbild, aber auch als Gegenspieler und notwendige Reibungsfläche anzubieten, ohne das Verhalten der Schüler/innen als persönlichen Angriff zu werten

Bedingungen für Lernprozesse

- angstarme Räume schaffen (so wenig Bewertung oder Noten wie möglich)
- Sicherheit bieten (Spielregeln einhalten, Transparenz herstellen)
- handlungs- und produktorientierte Arbeitsformen
- epochale Organisation statt einstündiger, randständiger »Nebenfächer«
- Lernen als Herausforderung begreifen: Neugierde wecken als leitendes Prinzip, auch wenn die Motivationsphase ein Viertel der veranschlagten Arbeitszeit ausmacht

Aktivierende Methoden

Es gibt Arbeitsformen, die sich in besonderer Weise dazu eignen, stille Schülerinnen und Schüler aus der Reserve zu locken, und die dazu beitragen, dass alle sich aktiv am Unterrichtsgeschehen beteiligen (können): Methoden, die alle gleichzeitig ans Reden bringen oder zur konstruktiven Mitarbeit auffordern. Einige dieser Methoden möchte ich hier vorstellen und zwar am Beispiel eines möglichen Unterrichtsthemas »Mädchen und Jungen in der Schule«.[1]

Am Anfang der Reihe sollte sich die Lehrperson über den Reflexionsstand der Gruppe informieren. Ein geeigneter Weg, um dies herauszubekommen, sind so genannte *»Stumme Dialoge«. Vorgehensweise:* Auf großen Wandzeitungen (z.B. eine pro Wandfläche) oder auf Tapeten oder Flipchartbogen, die auf den Tischgruppen ausliegen, stehen provozierende Aussagen. Alle Schülerinnen und Schüler gehen von Zeitung zu Zeitung und schreiben ihre Meinung zur Ausgangsthese oder zu den Gedanken der Mitschüler/innen mit dicken Filzstiften auf. Nach ca. 20 Minuten werden die Dialog-Blätter auf die Wand gehängt, laut vorgelesen und diskutiert.

Solche Aussagesätze können z.B. lauten:
- Mädchen und Jungen sind gleich
- Und morgen früh kommt der vierjährige Mark im Rüschenkleid zum Kindergarten
- Montags und donnerstags gehört die Tischtennisplatte den Mädchen!
- Mädchen (Jungen) wollen immer nur …
- Am besten an Jungen (Mädchen) gefällt mir …

1 Hierzu eine Anmerkung: Ich denke nicht, dass es für jede Lerngruppe wichtig und gut ist, sich auf der thematischen Ebene mit dem Geschlechterverhältnis zu befassen. Aussagen über »die Mädchen« und »die Jungen« fallen dabei zu leicht und betonen die Unterschiede. »Wie denkst du als Mädchen darüber?« »Was sagst du als Junge dazu?« – auch solche »Betroffenheitsanfragen« polarisieren die Geschlechter eher und fordern auf, Stereotype zu aktivieren. Stumme Dialoge im Religionsunterricht zu den Korintherbriefen mit »Die Liebe hört nie auf« oder Karusselldiskussionen zum Wissen über das Mittelalter, selbst über mathematische Konstruktionen kann ich mir ebenso gut vorstellen.

Da alle sich gleichzeitig im Raum bewegen und auf die Wandzeitungen schreiben, kann die Lehrer/in nicht kontrollieren, wer was aufschreibt, jede/r Einzelne ist also relativ anonym. Das senkt die Schwelle und ermuntert Einzelne, sich zu trauen, etwas aufzuschreiben und zur »Gruppendiskussion« beizutragen. Anfangs mögen dies noch recht unausgegorene Statements oder Rollenklischees sein, auch Vorurteile, vielleicht aber auch sehr reflektierte Meinungen.

Die Wandzeitungen bleiben (wie alle weiteren Visualisierungen) als – erstes – Arbeitsergebnis an den Wänden hängen. Im Laufe der Unterrichtseinheit lässt sich so der Lernzuwachs an den Produkten ablesen.

Als zweiten Schritt empfehle ich eine *Karusselldiskussion*. Auch dies ist eine Methode, die alle gleichzeitig ans Reden bringt und damit die Schwelle für die Einzelnen senkt. *Vorgehensweise:* Zehn bis 14 Thesen stehen auf einem Thesenpapier, das an alle verteilt wird. Nach dem ersten, stillen Durchlesen bilden die Schülerinnen und Schüler ein Diskussionskarussell mit Innen- und Außenkreis. Die Schüler/innen im Innenkreis stehen mit dem Rücken zueinander, die im Außenkreis mit dem Gesicht nach innen, so haben alle einen Gegenüber. Die Lehrperson gibt ein akustisches Signal, die Diskussion beginnt. Die Schüler/innen wählen aus der Liste eine der Thesen aus, schlagen sie dem Gegenüber vor, stimmen der These zu oder lehnen sie ab, finden Belege und Beispiele oder widerlegen die Aussagen. Nach einiger Zeit (ca. drei Minuten) ertönt erneut ein akustisches Signal. Die Schüler/innen im Außenkreis gehen einen Schritt nach links und schlagen dem neuen Partner vor, welche These nun zu diskutieren ist. Je nach Gruppengröße und Thema werden vier bis fünf Diskussionsrunden durchgeführt, das Vorschlagsrecht wechselt von den Mitgliedern des Innen- zum Außenkreis und zurück. Die Länge der Zeitintervalle sollte sich steigern, da in der Regel die Gespräche intensiver werden. Wenn Diskussionsclübchen entstehen, lassen sie sich dadurch entzerren, dass statt um einen Platz um drei oder vier Plätze bei der Neuzuordnung der Gesprächspartner fortgeschritten wird.

Auswertung: Die Thesen zur Karusselldiskussion stehen auf einer Wandzeitung. Hier wird nun festgehalten, welche These wie häufig diskutiert worden ist. Dann gilt es zu klären: Waren die ausgewählten Thesen, die so genannten Favoriten, die spannendsten, die brisantesten oder nur am leichtesten zu diskutieren? Die, die mehr oder weniger unter den Tisch gefallen sind, waren sie nicht relevant oder zu schwierig? Was hat uns bei den Diskussionen überrascht, besonders interessiert, wo haben wir uns festgebissen, was wollen wir vertiefen?

Thesen zur Karusselldiskussion

Mädchen und Jungen

1. Unterricht ohne Mädchen ist wie Nudelsalat ohne Nudeln (Aussage eines Jungen in einer Untersuchung zum Thema Koedukation).
2. Karoline ist zimperlich, Nina ist etepetete und mit Sabrina ist überhaupt nichts anzufangen! Paul ist meckerig, Heiner ist stur und Johannes hört aber auch nie zu!
3. In manchen Unterrichtsstunden wird nur gestört oder es werden ablenkende Fragen gestellt, solche Stunden, die kann man vergessen.
4. Die Mädchen wirken auf mich wie eine Schlaftablette. Mit Jungs macht es mehr Spaß.
5. Mich nervt, wenn Mädchen von sich als »Schüler« sprechen.
6. Bei der Projektwoche gab es einen Selbstbehauptungskurs für Mädchen, und die Mädchen wollten dann auch kämpfen, erst gegeneinander und dann gegen Jungs. Und so manche, die haben sie auch geschlagen und waren danach total stolz.
7. Mädchen brauchen eigene Räume. Jungen nehmen sich Raum.
8. Unter den Mädchen sind viele, die gucken sich gar nicht nach einem richtigen Beruf um, die wollen möglichst bald heiraten und dann Kinder kriegen. Die kümmern sich nicht, die sind nicht bereit, wegzuziehen oder sich die Welt anzusehen, weil der Macker das nicht will. Das bringt mich regelmäßig auf die Palme.
9. Einen Handwerkspass für Mädchen, das müsste es geben. Und einen Haushaltspass für Jungen.
10. Viele Mädchen melden sich nicht, die sind einfach stumm, da kann ich nichts machen. Viele Jungen rufen einfach in die Klasse.
11. An jedem Gruppentisch muss mindestens ein Mädchen sitzen, sonst ist es zu unruhig.

Die Liste dieser Thesen wird so zur Entscheidungshilfe für die weitere Erarbeitung. Hier können sich nun Gruppen bilden, die mithilfe von selbst gefundenen oder durch die Lehrer/in bereitgestellten Texten einzelne Aspekte vertiefen, die Befragungen machen oder Unterrichtsbeobachtungen in anderen Klassen oder von anderen Unterrichtsstunden. Zur Sensibilisierung können auch die folgenden Texte im Unterricht eingesetzt werden.

1. Sensibilisierung für Unterschiede

Die Geschlechterrollen umzukehren ist ein Weg, um das Spezifische der jeweiligen Rollen herauszustreichen. 1990 haben zwei Schülerinnen der 12. Klasse eines Hannoveraner Gymnasiums die folgende Geschichte geschrieben. Sie ist immer noch aktuell.

Schule verkehrt

Ein Morgen wie jeder.
Sybille steht mit ihren Freundinnen an der Bushaltestelle. Als der Bus hält, erstürmen die Mädchen die letzte Bank und halten sie besetzt. Während der gesamten Fahrt werden die Jungen von ihren Mitschülerinnen geärgert. Sie ziehen sie an den Haaren und kneifen sie. Als Dirk zu weinen anfängt, freuen sich die Mädchen.
Der Unterrichtstag beginnt mit Englisch. Thorsten und Jan lesen ihre sauber geschriebenen Hausaufgaben vor. Michael, ein besonders sprachbegabter Junge, wird bei der Grammatikübung drangenommen. Doch als er einen Fehler macht, fangen die Mädchen lauthals an zu lachen, und der Bub wird feuerrot.
Mathe in der zweiten Stunde, für die Jungen eine Tortur. Frau Müllerin fängt ihr Unwissen damit ab, dass sie sie Textaufgaben vorlesen lässt. Durch fleißiges Üben, so rät sie ihnen, könnten die Jungen durchaus ihre Unbegabung ausgleichen. Um die Lösung einer Aufgabe an der Tafel vorzuführen, meldet sich Olaf schon zum fünften Mal, vergebens. Wieder darf ein Mädchen, diesmal Heike, ihre Mathe-Eins beweisen.
Endlich schellt es zur großen Pause. Die Mädchen stürmen aus dem Klassenraum, um als erste das Fußballfeld zu erreichen. Sie lassen dort ihrer Urkraft freien Lauf. Die Knaben spielen in einer ungestörten Ecke Gummitwist.
Dritte Stunde: Geschichte. Die Erzählungen über die römischen Heldinnen lässt die Mädchen endlich einmal aufmerksam werden.
Im Sportunterricht trainieren die Schülerinnen Leichtathletik auf dem Sportplatz, während die Jungen rhythmische Gymnastik betreiben. Beim Duschen stürmen die Mädchen die Umkleideräume der Jungen, die laut kreischend ihre nackten Teile zu verstecken suchen.
Der Schultag endet mit Physik. Herr Jansen-Koberg versucht, seine unruhigen Zöglinge mit einem Experiment bei Laune zu halten. Als sich der Stromkreis nicht schließen lässt, sieht der Lehrer Hilfe suchend in die Mädchenreihe, die sofort die Fehlerquelle findet.
Ein Schultag wie jeder andere?

Aus: Dahms/Seiffert. Zuerst veröffentlicht in: Kreienbaum/ Metz-Göckel 1992

2. Die eigene Wahrnehmung schärfen

Ins Gespräch kommen und sich über die eigene Lesart und die der anderen verständigen, ist das Ziel bei der Lektüre der folgenden Geschichte.

Der Tag, als ich geboren wurde, war für meinen Bruder der erste Schultag, meine Schwester war damals 15 Monate alt. Mein Vater ist Tontechniker, meine Mutter ist beim Kinderschutzbund für Öffentlichkeitsarbeit zuständig. Früher hat mein Bruder sich gerne mit uns jüngeren Geschwistern beschäftigt. Ihm ist es zu verdanken, dass ich schon zu Beginn der Grundschule lesen konnte. Gegenüber meiner Schwester fühle ich mich allerdings oft zurückgesetzt.

Radfahren und Schwimmen lernte ich eher spät. Im 2. Schuljahr hat meine Mutter mich zum Klavierunterricht angemeldet. Da ich nicht oft übe, mache ich auch nicht so riesige Fortschritte. Der Klavierlehrerin gelingt es aber immer wieder, mich über die Auswahl der Musik zu motivieren. »Für Elise« gehört zu meinen absoluten Lieblingsstücken, das sitzt schon ziemlich gut nach nur drei Übungswochen.

Manchmal sehe ich mit meiner Mutter fern. Spätestens beim »Happyend« fließen bei ihr die Tränen. Das lässt mich völlig kalt.

Ich stehe auf »Lou Bega«, Inliner-Fahren und Computern[1]. Ich bin jetzt zehn Jahre alt. Eine ganz dicke Freundschaft habe ich im Moment nicht. Doch fast jeden Tag ruft ein Kind aus der 4b an, um sich mit mir zu verabreden, und zum nächsten Geburtstag muss ich theoretisch 14 Kinder einladen, wenn alle die kommen sollen, bei denen ich eingeladen war. Das erlaubt meine Mutter aber nicht.

Ich weiß noch nicht, auf welche Schule ich nach der 4. Klasse wechseln soll. Meine Schwester geht aufs Gymnasium, es gefällt ihr dort gut. Aber die weiß und kann eigentlich immer alles besser als ich.
Manchmal ziehe ich mich zurück und bastele. Zum letzten Weihnachtsfest habe ich einen Bausatz für ein Haus bekommen, in dem man Lichtleitungen verlegen kann. Das funktioniert tatsächlich prima.

Wer bin ich? Aus welchen Beschreibungen schließt du, dass ich ein Mädchen (oder ein Junge) bin? Bist du sicher? Was sind deine Erfahrungen?

1 Hier sind gelegentlich Aktualisierungen angebracht: Statt »Lou Bega« könnten es kurzfristig die »Spice Girls«, »Madonna«, »Die fantastischen Vier« oder sonstwer sein, nur nicht Stars, die deutlich überwiegend entweder von Mädchen oder von Jungen präferiert werden.

3. Fragen, die sich jede Schülerin stellen sollte

Der folgende Fragebogen lässt sich unterschiedlich einsetzen. Voraussetzung ist, dass bereits eine gewisse Sensibilität für Geschlechterfragen besteht. Dann können Mädchen diesen Fragebogen ausfüllen und in der Gruppe vergleichen, ob ihre Antworten voneinander abweichen. Die angesprochenen Themen können inhaltlich vertieft werden, sie können aber auch auf ihre Relevanz in so einem Fragebogen überprüft werden. Welche Idee steckt dahinter? Welche Aspekte fehlen? Und: wie könnte so ein Fragebogen für Jungen aussehen?

1. Kannst du Fußball oder Basketball spielen?
2. Wurde dir irgendwann einmal beigebracht, wie eine Säge benutzt wird?
3. Hast du irgendwann einmal vorgetäuscht, taub zu sein?
4. Passt du auf Babys auf, um dir Geld zu verdienen? Was tun Jungen, um sich Geld zu verdienen?
5. Haben eure Brüder mehr Freiheiten als ihr? Welcher Art sind sie? Warum?
6. Werden eure Brüder dazu angehalten, bei den Hausarbeiten zu helfen?
7. Wie viele Jungen sind in eurem Schreibmaschinenkurs?
8. Wärst du an Informationen zur Schwangerschaftsverhütung und AIDS-Prävention an deiner Schule interessiert?
9. Habt ihr über Selbstbefriedigung und lesbische Liebe im Sexualkundeunterricht gesprochen?
10. Was weißt du darüber, wie eine Abtreibung verläuft und welche Schritte dabei zu tun sind?
11. Wie viele Seiten werden der Frauenrechtsbewegung in deinem Geschichtsbuch gewidmet?
12. Wer waren Helene Lange, Rosa Luxemburg, Louise Otto-Peters, Christabel und Emily Pankhurst, Hedwig Dohm und Hannah Arendt?
13. Wie werden Frauen in den Büchern, die du liest, behandelt?
14. Wie reagiert deine Klasse auf eine »hässliche« Lehrerin?
15. Werden Mädchen, die einen Freund haben, als glücklicher angesehen? Was gewinnen sie?
16. Hast du jemals vorgegeben, einen Freund zu haben? Warum?
17. Fühlst du dich geschmeichelt, wenn dir hinterhergepfiffen wird?
18. Gefällt dir dein Körper?
19. Angenommen, du befindest dich in einer gefährlichen Situation. Würdest du dir lieber von einem Mann helfen lassen oder dir selbst helfen? Kannst du dir selbst helfen?

Abgewandelt aus: High School women's liberation, Ann Arbor in: Dagmar Schultz (Hrsg.): Ein Mädchen ist fast so gut wie ein Junge, Bd. 2, Berlin 1979

Wird in Gruppen gearbeitet, so muss schon zu Anfang geklärt werden, wie die Arbeitsergebnisse aufbereitet und später präsentiert werden. Hier gibt es unterschiedliche Möglichkeiten.

Erstellen die Schülerinnen und Schüler Wandzeitungen, so bereiten sie gleichzeitig eine Gruppenpräsentation vor.

Werden die Ergebnisse vorwiegend mündlich berichtet, so empfiehlt es sich, dies mit der Methode des *fish pools* zu tun. Hierbei erfolgt das Zusammentragen der Ergebnisse in einer zweiten Gruppenarbeitsrunde mit neu zusammengesetzten Gruppen. In der ersten Runde kann Interesse am Thema als Gruppenbildungskriterium herangezogen werden. Aus den Gruppen der ersten Runde werden neue gebildet, zu jeder Gruppe gehört jeweils mindestens ein Mitglied der ursprünglichen Gruppen. Sie berichten sich gegenseitig über ihre Arbeitsprozesse und Ergebnisse und diskutieren mögliche Schlussfolgerungen. Da alle in der zweiten Runde berichten müssen, werden sie auch intensiv an der Erarbeitung beteiligt sein. Zu »Spezialisierungen« im Arbeitsverhalten bei der Gruppenarbeit kommt es bei dieser Form der Erarbeitung selten. Allerdings muss die Lehrperson auf einen Teil der Kontrolle verzichten, denn sie kann nur exemplarisch an einer der Auswertungsrunden beteiligt sein. Gleichzeitig gibt sie damit ein deutliches Signal des Vertrauens in die Selbsttätigkeit und Eigenverantwortlichkeit der Lernenden.

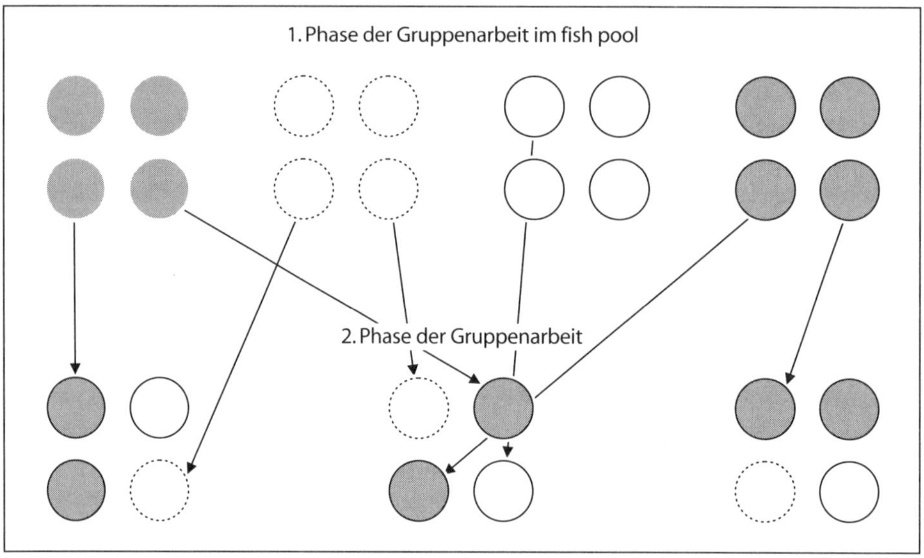

Einbeziehende Erziehung

Das Konzept der einbeziehenden Erziehung kommt aus Amerika und ist dokumentiert in dem Band »Brave Mädchen – Starke Mädchen« von Peggy Orenstein. Sie ist Journalistin und hat ein Jahr lang an zwei amerikanischen Schulen verbracht und dort jeweils die achten Klassen begleitet, den Unterricht beobachtet, mit den Schülerinnen geredet, sie in ihrer Freizeit besucht, mit den Eltern Kontakt aufgenommen und mit den Lehrpersonen diskutiert.

Inhaltliche Ebene und Interaktion sind die Ansatzpunkte dieses Konzepts. Im traditionellen Lehrplan lernen Mädchen wie Jungen wenig über berühmte Frauen und ihre Leistungen und Entdeckungen – dies kommt im Lehrplan einfach nicht vor. Aber – so fragt Peggy Orenstein – »sollten wir dem Curriculum ein paar Frauennamen zufügen und das Ganze umrühren?«

Das Curriculum sollte für die Lernenden sowohl ein Spiegel als auch ein Fenster sein, fordert die Autorin. Sie sollen in der Lage sein, dadurch in unterschiedliche Welten zu sehen und gleichzeitig sollen sie die Spiegelungen ihrer eigenen ethnischen Gruppe, ihres Geschlechts, ihrer sozialen Schicht in den Lerngegenständen entdecken. Einbeziehende Erziehung ist ein Konzept des Lernens von innen nach außen. Es kann – im Falle von Geschichte – als ein »Fünf-Stationen-Modell« beschrieben werden.

- »weiße« Geschichte, eurozentriert: Frauen kommen nicht vor
- einige herausragende Frauen und einige Vertreter von Minderheiten werden ergänzt
- Strategien des Curriculums ändern sich: im Fokus stehen Sexismus, Rassismus, Rolle der Opfer
- Alltagsgeschichte wird ein interessantes Forschungsgebiet
- eine neu definierte und rekonstruierte Geschichte, die uns alle einbezieht

Um zu erklären, wie einbeziehende Erziehung funktioniert, sei ein Beispiel gegeben: Das Ziel des Unterrichts ist es zu lernen, sich mit dem anderen Geschlecht zu identifizieren und Empathie zu üben.

»Anita Hill ist ein Junge«

In einem Kurs über berühmte Afroamerikaner/innen erarbeiten sich Mädchen und Jungen die Biografien von je einem Mann und einer Frau. Sie sammeln alle verfügbaren Informationen über deren Lebensweg und Leistungen. In einem dramatischen Monolog versetzen sie sich in die Rolle von Martin Luther King und Angela Davies und erzählen deren Leben in der ersten Person:

»Um den Blues zu verstehen, muss man die schwarze Geschichte verstehen. Als wir Sklaven waren, konnten wir unseren Schmerz nur mit Singen ausdrücken, deshalb begannen wir, über Rassismus und über Liebe zu singen. Um den Blues zu singen, muss man diese Dinge leben, und ich bin dafür ein Beispiel. Mein Name ist Etta James«. So beginnt der Monolog eines Jungen.

Es ist wichtig für alle Kinder der 6. Klassen, dass sie in beiden Rollen agieren müssen: als Mann und als Frau. Solange es ihnen freigestellt war, nur zu einer Person zu arbeiten, haben alle Jungen einen Mann ausgewählt und zu seiner Biografie gearbeitet und Mädchen suchten sich entweder eine Frau oder einen Mann. Aber, so fragt Peggy Orenstein, wie können Jungen, die immer die Botschaft vermittelt bekommen, dass nur männliche Leistung und Erfahrung zählt, je lernen, dass Mädchen und Jungen gleich sind?

Und sie beschreibt, wie es einem Jungen ergeht, der sich in Etta James oder Anita Hill hineinversetzt. Dabei wird deutlich, dass zum Lernprozess nicht nur die inhaltliche Aufarbeitung der Lebenswege und das Wissen darüber gehört. Ebenso wichtig ist es, dass ein Klima geschaffen wird, das es erst ermöglicht, das Risiko einzugehen, in einer anderen Geschlechterrolle aufzutreten und zu erfahren, dass dieses Einfühlen in eine andere Person sich lohnt. Die Beispiele, von denen Peggy Orenstein berichtet, sind eindrücklich: die Scham zu fühlen, die eine Frau empfindet, wenn sie sexuell belästigt wird wie Anita Hill oder angespuckt wie Etta James, als sie versehentlich die Grenzen eines Weißen vorbehaltenen Distrikts überschreitet und so fort. An die Präsentationen von Muhammed Ali oder Rigoberta Menchù schließen sich Diskussionen zu Rassismus und sozialer Diskriminierung an.

Gleichzeitig lernen die Schüler/innen, stolz auf sich und ihre Leistungen zu sein: sie bereiten die Reden selbstständig vor, planen den Ersatz von Medien, die ihre Botschaften unterstützen und spielen ihre Monologe in angemessener Weise.

Formale Gleichheit als gleiche Zugangschancen zu Bildungswegen und Parität in Funktionen sind wichtig, Unterrichtsinhalte und -modelle, die beiden Geschlechtern gerecht werden und die Leistungen von Frauen einbeziehen, ebenso. Das Verständnis von Unterrichts- und Erziehungsprozessen, die Selbstverantwortlichkeit unterstützen und die Kontexte bieten, in denen Schülerinnen und Schüler sich ausprobieren können, inklusive der Erkundung von Fremdheit und fremden Territorien, die es sich vertraut zu machen gilt. Dazu brauchen die Lernenden Lehrerinnen und Lehrer, die sie in eigenständigen Lernprozessen unterstützen und die sie ermutigen, das Risiko des Ausprobierens auf sich zu nehmen: sich unbekanntes Wissen in den einzelnen Fächern anzueignen, unbekannte Wege in der Gesellschaft zu erproben und Unbekanntes in sich selbst zu entdecken.

Einbeziehende Erziehung als Berufsorientierung

US-amerikanische Ansätze lassen sich nur bedingt auf deutsche Verhältnisse übertragen. Gerade die vorgestellten Inhalte – berühmte Afroamerikaner/innen – werden in deutschen Schulen keine Rolle spielen. Das Konzept der »einbeziehenden Erziehung« lässt sich jedoch auch hier praktizieren. Es eignet sich nach meiner Einschätzung besonders gut, um neue Wege in der Berufsorientierung und Berufserkundung einzuschlagen.

Lange schon sind Klagen über unzureichende Konzepte angemessener Berufsorientierung laut geworden. Ein zehntägiges Praktikum in Klasse 9 oder 10, evt. noch ein weiteres in der gymnasialen Oberstufe, ergänzt durch den Besuch im Berufsinformationszentrum des Arbeitsamts und zur gegebenen Zeit die Behandlung von Bewerbungsschreiben oder Einstellungsgesprächen – so sieht in vielen Schulen die Berufserkundung aus. Einer der Hauptkritikpunkte ist das zu späte Aufgreifen der Thematik.

Hier lassen sich die Prinzipien der Einbeziehenden Erziehung in Gewinn bringender Weise nutzen. Folgende Vorgehensweise für ein offenes und selbsttätiges Erarbeiten bietet sich an, das hier kurz skizziert werden soll.

In Klasse 6 erarbeiten sich die Schülerinnen und Schüler z.B. Handwerksberufe. Sie erkunden Merkmale der jeweiligen Berufe (Tätigkeiten, Anforderungen, Arbeitsalltag, Verdienst- und Aufstiegsmöglichkeiten etc.) und suchen sich zwei Personen, in deren Rolle sie den Beruf in der Klasse vorstellen. Natürlich sollen dies ein Mann und eine Frau sein. Da nicht jeder Beruf von Frauen und Männern gleichermaßen häufig ausgeübt wird, empfiehlt sich in der ersten Erarbeitungsrunde eine Beschränkung auf Berufe, für die sich jeweils ein Mann und eine Frau gewinnen lassen. Alternativ lassen sich auch jeweils ein typischer Männerberuf (wie Dachdecker) und ein typischer Frauenberuf (wie Näherin) mit jeweils einem Paten, einer Patin vorstellen.

Wichtig ist dabei der persönliche Bezug: Da mit dem Beruf eine Person vorgestellt wird, deren Berufsfindungsgeschichte, deren Ausbildungsweg und Arbeitsalltag erzählt wird, deren mögliche Unterbrechungen der Berufstätigkeit durch Familiengründung, deren eventueller Firmenwechsel, Aufstieg oder Selbstgründung eines Betriebs mit erzählt wird, erfährt jedes Kind viel mehr als blanke Daten über einen Beruf. Welche Schwierigkeiten tauchten auf und wie wurden sie überwunden? Welche reizvollen Seiten hat der Beruf, welche Chancen bietet er? Solche Fragen sind ebenso wichtig wie die nach den formalen Aspekten.

In Klasse 7 sind dann z.B. Dienstleistungsberufe zu erarbeiten, in Klasse 8 soziale Berufe, in Klasse 9 technische Berufsfelder. Wichtig ist es zu beachten, dass alle Berufsbilder sowohl über Sachinformationen als auch über konkrete Personen eingeführt werden. Hier lassen sich Eltern und Bekannte als Experten/innen in den Unterricht einladen. Auch ehemalige Schülerinnen und Schüler der Schule können eingebunden werden. Über die Schuljahre lassen sich unterschiedliche Vorstellungs- und Erarbeitungskonzepte nutzen: der dramatische Monolog – wie im amerikanischen Beispiel – ist ein Weg. Interviews zur Berufserkundung ein zweiter. Darüber hinaus erfahren Schülerinnen und Schüler wie man die Schwierigkeiten, die einem auf Berufs- und Lebenswegen immer begegnen, ausräumen kann, wie sich Beruf und Familie vereinbaren lassen, durch Ausbildungen notwendige Ortswechsel bewältigt und verarbeitet werden können. Wichtig ist das Prinzip der doppelten Geschlechtlichkeit, das verlangt, sich jeweils mit einem Mann und einer Frau und deren Berufen auseinander zu setzen und sich in diese hineinzufühlen.

Literatur

Barz, M.: Was Schülerinnen und Schülern während des Unterrichts durch den Kopf geht und wie sich ihr Denken dabei verknotet. In: Angelika Wagner u.a.: Bewusstseinskonflikte im Schulalltag. Denkknoten bei Lehrern und Schülern erkennen und lösen, Weinheim 1982, S. 92–129

Becker-Schmidt, R./Knapp, G.-A.: Geschlechtertrennung – Geschlechterdifferenz. Suchbewegungen sozialen Lernens, Bonn 1986

Becker, H./Rumpf, H.: Unterrichtsvorbereitung – der Unsinn hat Methode, in: B:E 3/74

Conrads, H. (Hrsg.): Mädchen in Naturwissenschaft und Technologie, Frankfurt 1992

Enders-Dragässer, U./Fuchs, C.: Jungensozialisation. Eine Expertise, Darmstadt 1988

Faulstich-Wieland, H. Koedukation – enttäuschte Hoffnungen? Darmstadt 1991

Faulstich-Wieland, H./Horstkemper, M.: »Trennt uns bitte, bitte nicht!« Koedukation aus Mädchen- und Jungensicht, Opladen 1995

Klafki, W.: Neue Studien zur Bildungstheorie und Didaktik, Weinheim 1985

Kreienbaum, M.A.: Erfahrungsfeld Schule. Koedukation als prägendes Erfahrungsfeld, Weinheim 1992, 1995[2]

Kreienbaum, M.A./Metz-Göckel, S.: Koedukation und Technikkompetenz von Mädchen. Der heimliche Lehrplan der Geschlechtererziehung und wie man ihn ändert, Weinheim 1992

Kreienbaum, M.A./Teworte, G./Gemein, E./Glagow-Schicha, L./Wanzeck-Sielert, Ch. (Hrsg.): Was ist eine gute Schule? Weinheim 1993

Kreienbaum, M.A.: Lebens- und Karrierepläne, Eine Absolventinnenstudie. In: GEW Frauen: Die neue Koedukationsdebatte, Frankfurt am Main 1995[2]

Kreienbaum, M.A.: Bewährt, aber reformbedürftig. Ansätze für eine zeitgemäße Koedukation. In: Beiträge zur feministischen Theorie und Praxis, Band 43/44, Köln 1996

Kreienbaum, M.A.: Dünnes Eis und unsichere Wege. Lust- und Unlustgefühle in Lernprozessen. In: Kreienbaum, M.A. (Hrsg.): Schule lebendig gestalten, WR 113, Bielefeld 1999

Kreienbaum, M.A.: Ohne Leerlauf und Langeweile – die Projektschule. In: Kreienbaum, Maria Anna (Hrsg.): Schule lebendig gestalten, WR 113, Bielefeld 1999

Kreienbaum, M.A.: Wie entwickelt man ein Schulprogramm? In: Loccumer Protokolle, 1/97 »Betrieb Schule« – »Haus des Lernens«, Hrsg. Von Andrea Grimm, Rehberg-Loccum 1997

Metz-Göckel, S.: »Als männlich und weiblich erschuf er sie.« Zur Geschichte und feministischen Kritik an der Koedukation. In: Horn, H.(Hrsg.): Didaskalos. Studien zum Lehramt in Universität, Schule und Religion. Dortmund 1996

Metz-Göckel, S./Kauermann-Walter, J.: Geschlechterordnung und Computerbildung. In: Kreienbaum/Metz-Göckel: Koedukation und Technikkompetenz, Weinheim 1992

Orenstein, P.: Starke Mädchen, brave Mädchen. Was sie in der Schule wirklich lernen, Frankfurt 1996

Seeland, S.: Better dead than coed. In: Pfister, G. (Hrsg.): Zurück zur Mädchenschule? Pfaffenweiler 1988

Wetterer A.: Vorausdenken, Querdenken, Nachdenken. Festschrift für Ayla Neusel, Frankfurt 1996, S. 263–278

Siegfried Seeger

Leben lernen

Reflexionshilfen und Praxisimpulse zur Entwicklung von gesundheitsfördernden Schulen

Ich wollte Nähe	und bekam die Flasche.
Ich wollte Eltern	und bekam Spielzeug.
Ich wollte reden	und bekam Spielzeug.
Ich wollte lernen	und bekam Zeugnisse.
Ich wollte denken	und bekam Wissen.
Ich wollte frei sein	und bekam Disziplin.
Ich wollte Liebe	und bekam Moral.
Ich wollte einen Beruf	und bekam einen Job.
Ich wollte Glück	und bekam Geld.
Ich wollte Freiheit	und bekam ein Auto.
Ich wollte einen Sinn	und bekam Angst.
Ich wollte ändern	und erhielt Mitleid.

Ich wollte Leben …

Dass das »Leben lernen« für Kinder und Jugendliche nicht einfach ist, zeigt die drastische Zunahme von psychischen Störungen, das breiter werdende Spektrum psychosomatischer Symptome oder die Zunahme von chronischen Erkrankungen.[1] Klaus Hurrelmann, Leiter des Sonderforschungsbereichs Prävention und Intervention im Kindes- und Jugendalter, interpretiert diese Krankheitssymptome als ein Signal dafür, dass sich Kinder und Jugendliche mit dem »Leben lernen« schwerer tun, als uns oft bewusst und zuweilen lieb ist:

»Die zunehmenden Krankheiten und Auffälligkeiten sind ein Signal für Stress, für die Überstrapazierung der Fertigkeiten und Fähigkeiten, mit sich selbst und der Umwelt ins Reine zu kommen. Sie sind so gesehen ein Ausdruck der Kosten der modernen Lebensweisen. Sie drücken die Probleme aus, die junge Menschen bei der Aneignung des eigenen Körpers und der sozialen und ökologischen Umwelt haben.

1 Suchtberatung des Diakonischen Werkes im Evang. Kirchenkreis Leverkusen (Hrsg.): Auf der Suche… Bilder und Worte von Sucht und Sehnsucht, Leverkusen 1991 (S. 11).

Sie sind letztlich ein Indiz dafür, dass Kinder nicht das Ausmaß von Achtung, Würde und freier Entfaltung ihrer Persönlichkeit erfahren, das sie für eine gesunde Entwicklung benötigen«.[1]

Wenn »Gesundheit ein Weg ist, der sich bildet, wenn man ihn geht und gangbar macht«[2], dann wird die Glaubwürdigkeit einer gesundheitsfördernden Schule davon abhängen, inwieweit sie sich in ihrem Selbstverständnis weg vom Lernort und hin zu einem »Lebens- und Erfahrungsraum« entwickelt[3]. Und wenn in diesem Sinne hierbei ein gesundes Lernen bedeutsamer wird, als Gesundheit zu lernen[4], dann wird die Entwicklungsmöglichkeit entscheidend davon abhängen, ob einerseits ausreichende Freiräume geschaffen werden können, um Wege suchen, erproben, erleben, gestalten und reflektieren zu können und andererseits, ob es genügend Menschen gibt, die die Innovationskraft haben, derartige Wege auch »gangbar« zu machen.

Für die Entwicklung gesundheitsfördernder Schulen sind also erstens konkrete Ansatzpunkte als Wegmarken bedeutsam, die ein gesundheitsförderndes Profil vom Fachunterricht über Projektarbeit und Arbeitsgemeinschaften bis hin zum gesamten Schulleben spürbar entfalten helfen. Zweitens sind selbstreflexive Lehrerinnen und Lehrer unerlässlich, die sich selbst auf den Weg machen, um tragfähige Lebensweisen zu erproben und entsprechende Lebensbedingungen initiativ mitzugestalten.

Wenn jedoch Gesundheitsförderung in der Schule mehr sein soll, als eine kurzfristige »Spielwiese« besonders engagierter Einzelpersonen (vor allem Lehrer/innen, Schulleitungen, Eltern), dann muss zukünftig die breite Arbeitsperspektive der Gesundheitsförderung in und mit der Schule nochmals erweitert werden um institutionelle bzw. strukturell-systemische Dimensionen.

Hierdurch wandeln sich die bisherigen Arbeitsansätze zu einer neuen Qualität: statt gesundheitsfördernde Projekte in der Schule durchzuführen, wird die Schule selbst zum gesundheitsfördernden Projekt. Kam es bisher darauf an, in zeitlich befristeten Nischen Projekte zur Ernährung, Bewegung, Suchtprävention usw. durchzuführen, wird zukünftig die Frage im Mittelpunkt stehen, wie gesundheitsfördernde Schulen ein Gesamtprofil entwickeln können, in denen alle in der Schule arbeitenden und lebenden Schüler/innen, Lehrer/innen sowie nicht unterrichtende Mitarbeiter/innen eine Chance erhalten können, Gesundheit zu erleben, zu erfahren, zu gestalten und zu reflektieren.

Stellt sich nun die Frage, wie ein derartig anspruchsvolles Konzept aus der Sicht der Gesundheitsförderung verwirklicht werden kann.

1 Aus einer Pressemitteilung der Universität Bielefeld vom 10.7.1992.
2 Schipperges, H.: Konzepte gesunder Lebensführung. Wien 1990 (S. 10).
3 Siehe hier vor allem: Hentig, Hartmut von: Die Schule neu denken. München 1993.
4 Vgl. Barkholz, U./Homfeldt, H.G.: Gesund Lernen ist mehr als Gesundheit lernen. Pädagogik 3/1991 (S. 13–18).

Merkmale einer gesundheitsfördernden Schule

»Eine gesundheitsfördernde Schule ist eine Schule, die Gesundheit zum Thema ihrer Schule macht.« (Paulus). Durch eine derartige Thematisierung leitet eine gesundheitsfördernde Schule einen Entwicklungsprozess mit dem Ziel ein, für alle Beteiligten in der Schule einen gesundheitsfördernden Arbeitsplatz bzw. Lebens- und Erfahrungsraum zu gestalten.

Um dem konzeptionellen Dilemma zu entgehen, dass mit diesem »ganzheitlichen« Anspruch jede gesundheitsfördernde Schule Kriterien so genannter »guter Schulen« erfüllt, aber umgekehrt nicht jede gute Schule »automatisch« ein gesundheitsförderndes Profil aufweist, schlage ich folgende Lösung vor, die gleichzeitig gesundheitsfördernde Schulen von konzeptionellen Allmachtsfantasien befreit: Eine gesundheitsfördernde Schule muss einen eindeutig identifizierbaren konzeptionellen Kern aufweisen, der sie von anderen Reformschulen deutlich unterscheidet. Gleichzeitig nutzt eine gesundheitsfördernde Schule vergleichbare bzw. identische »Entwicklungshilfen« für ihre Profilbildung.
Konkret bedeutet dies, dass im Kern eine gesundheitsfördernde Schule …

- eine gesundheits-, ökologie- und sozialverträgliche Ernährung verantwortet
- die Kompetenz zur Heilung und Krisenbewältigung stärkt
- einen kompetenten Umgang mit der Zeit vermittelt
- ein Lernen in der Auseinandersetzung mit Risiken und Grenzen provoziert
- individuelle (Sehn-)Süchte reflektiert und das seelische Immunsystem stärkt
- einen Sinn für Kohärenz fördert
- ein bewegungs- und körperfreundliches Lernen initiiert
- freundliche Arbeitsplätze und Räume ergonomisch, ökologisch und ästhetisch gestaltet
- u.a.

Inhaltlich bildet demnach die Auseinandersetzung mit den Themenfeldern Ernährung, Bewegung, Körper- und Sinnlichkeit, Lebensräume, Sehnsüchte, Zeit, Kohärenzsinn usw. den Kern eines gesundheitsfördernden Schulprofils.

Diese notwendige, jedoch keinesfalls hinreichende Bedingung einer gesundheitsfördernden Schule wird ergänzt durch Dimensionen so genannter »guter« Schulen, die eine Schulentwicklung bzw. Profilbildung erst ermöglichen. Deshalb: eine gesundheitsfördernde Schule …

- nutzt bewährte Verfahrenswege zur effektiven Problemlösung
- nutzt curriculare, finanzielle und personelle Freiräume zur individuellen Profilbildung
- nutzt mutige Kommunikation zur Gestaltung von Beziehungen
- nutzt Methodenvielfalt zum gemeinsamen Entdecken neuer Lernformen
- nutzt Partnerschaften und Netzwerke, um vielfältige Ressourcen konstruktiv zu bündeln

- nutzt und fördert Entscheidungskompetenzen und Mitverantwortung, indem sie Betroffene zu Beteiligten werden lässt
- nutzt immer wieder folgenreiche Impulse (Studientage, Projekte) als Inspirations- und Kraftquelle
- nutzt die individuelle Arbeitszufriedenheit als sensiblen Indikator zur (Selbst-)Reflexion
- u.a.

Da ich die meisten Aspekte dieser Form von Schulentwicklung als bekannt und als Konsens voraussetze, gehe ich hierauf nicht näher ein. Dagegen möchte ich die von mir vorgeschlagenen inhaltlichen Kernthemen beispielhaft vertiefen, weil ich in ihnen wichtige Dimensionen eines »Lebenlernens« vermute.

»Leben lernen« durch gesundheitsfördernde Kernthemen

Hierfür möchte ich Reflexionshilfen für Lehrerinnen und Lehrer (aber auch Eltern) an den Anfang stellen und anschließend Praxisbeispiele benennen, wie derartige Inhalte im schulischen Alltag für viele spürbar entfaltet werden können.

Essen & Ernährung/Reflexionshilfen:

- Kann ich Essen als ein synästhetisches Ereignis genießen, das seine Zeit, seinen gestalteten Raum und seine Geselligkeit erfordert, obwohl der tägliche Zeitdruck eine Fast-Food-Mentalität provoziert?
- Gelingt es mir, meine Einkaufsgewohnheiten nach gesundheits-, ökologie- und sozialverträglichen Kriterien abzustimmen, obwohl vor allem multinationale Konzerne der Lebensmittelindustrie immer mehr perfektionierte, konfektionierte aber völlig degenerierte Nahrungsmittelartefakte produzieren, um im »Schlaraffenland aus der Retorte« alles und jederzeit leicht zugänglich auf dem Markt anzubieten?
- Ist mir der Zusammenhang zwischen der bei Kindern und Jugendlichen weit verbreiteten Ex-und-hopp-und-wisch-und-weg-Mentalität, der damit verbundenen Suche nach immer neuen »Dröhnungen« und den Gefahren eines »entfremdeten Hungers« bis hin zu Essstörungen bewusst?

Praxisimpulse:

- Kritische Inventur des bestehenden Kioskangebots und sukzessive Neugestaltung der Angebotspalette nach den Kriterien »vollwertig und abfallarm«;
- Gestaltung von »Oasen für die Pause« in Form von zeitlich befristeten Miniprojekten, wie z.B. Obstzelte, Frischkosttheken, Saftbars;
- Nutzung von Schulgärten für den Anbau, die Pflege und Verarbeitung von Lebensmitteln und Kräutern;

- Aufbau einer Kooperation mit lokalen/regionalen Anbietern (Landwirt, Bäcker, ...) für einen saisonalen Einkauf;
- Erschließung außerschulischer Lern- und Erfahrungsorte, wie z.B. Lebensmittelfabrik, Bauernhof, Bio-Laden ...;
- Kennenlernen von Produktionswegen bekannter Lebensmittel und kritische Bewertung nach gesundheits-, ökologie- und sozialverträglichen Gesichtspunkten (Produktlinienanalysen);
- Reflexion der eigenen Ernährungsweise im Kontext des eigenen Lernstils: Aufnehmen – Verarbeiten – Abgeben;
- Das Essen auch als ein Fest gestalten nach dem Motto »Wer nicht genießt, wird ungenießbar!« (K. Wecker);
- Ess- und Pausenräume so gestalten, dass sie ein Verweilen-und-genießen-Können provozieren;
- Ausreichende Ess- und Spielpausen durch entsprechende Pausenregelungen ermöglichen.

Freundschaft – Liebe – Partnerschaft

Reflexionshilfen:

- Wie gelingt es mir, Zugänge zu meiner eigenen Lebendigkeit, zur Liebe, Lust und Leidenschaft offen zu halten, obwohl der werbemäßig inszenierte Schein einer gestylten und typisierten Erwachsenenwelt immer dominanter zu werden droht?
- Gelingt es mir, die für Jugendliche sehr bedeutsamen, aber zugleich sensiblen Bereiche Lust und Sinnlichkeit – trotz AIDS – mit einer »heiteren Gelassenheit« zu thematisieren?
- Wie sensibel bin ich für meine Schüler/innen sowohl im Hinblick auf die kulturellen Unterschiede in Deutungen und Bewertungen der Themen Liebe, Sexualität und Partnerschaft als auch für mögliche biografische Narben von Leid- und Gewalterfahrungen?

Praxisimpulse:

- Bei Schüler/innen für den selbstorganisierten Aufbau von Hilfsstrukturen und Partner-/Patenschaften werben, wie z.B. Vertrauensschüler/in, die als komplementäre Ergänzung zu Vertrauenslehrern wirken können;
- Rückzugsräume freundlich, atmosphärisch warm, geborgen und liebevoll mit den Schüler/innen gestalten, damit die wirklichen Lebensfragen der Kinder und Jugendlichen wenigstens hier annähernd ihren Raum finden können;
- Kooperative Spiele spielen und Spielfeste gestalten, die das Gemeinschaftserleben in den Mittelpunkt stellen;
- Aufbau eines attraktiven Arbeitsgruppenangebots, damit sich die Schüler/innen jenseits des Fachunterrichts interessengeleitet in anderen Lerngruppen und in anderen Rollen erleben können;

- Einrichtung einer Arbeitsgruppe unter Beteiligung von Schüler/innen, Lehrer/innen, Eltern, Sekretärinnen und Hausmeister mit dem Arbeitstitel »Unsere Schule zum gesunden Arbeiten und Leben«;
- Einrichtung von Vertrauensgruppen von Lehrpersonen (z.B. in Form von Balint-Gruppen) zum Erfahrungsaustausch und zur kollegialen Unterstützung im Umgang mit Ohnmachtsgefühlen, Schüler- und Lehrerängsten, Kränkungen usw.;
- Aufbau eines Netzwerks partnerschaftlicher Kooperation zwischen außerschulischen Organisationen (Vereine, Verbände, Selbsthilfegruppen, Bürgerinitiativen usw.) und der eigenen Schule sowie zwischen der eigenen Schule und einer ausgewählten Partnerschaftsschule;
- Gruppendynamische Methoden nutzen, wie themenzentrierte Interaktion, Feedback-Methoden, Streit- und Disputformen u.a., damit alle Beteiligten miteinander und voneinander eine lebendige Beziehungsfähigkeit erlernen können.

Haltung & Bewegung

Reflexionshilfen:
- Leide ich selbst unter den Folgen chronischer Unter- bzw. Überforderungen meines Haltungs- und Bewegungssystems (z.B. unter Rückenschmerzen)? Spüre ich manchmal den »Druck auf den Schultern« oder den »Stress im Nacken« und wie gehe ich mit diesen »Signalen« um?
- Sehe ich einen Zusammenhang zwischen den täglichen Stillsitz-Dressuren in der Schule, meinem Verständnis vom »richtigen Lernen« und meinem Machtanspruch in Form von durchgesetzter »Ordnung und Disziplin«?
- Welche Möglichkeiten habe und nutze ich, gerade »sportunwilligen« Schüler/innen die Chance zu eröffnen, ein Gefühl für ihre Haltung, ihre Bewegung und ihren Körper zu entwickeln?

Praxisimpulse:
- Gestaltung von vielfältig und variabel nutzbaren Arbeitsplätzen, die vor allem den vier Würden des Menschen, Liegen – Sitzen – Stehen – Gehen, gerecht werden;
- Gestaltung von Bewegungsräumen und Landschaften im Innen- und Außenbereich, die zum Klettern, Hangeln, Springen, Hüpfen usw. einladen;
- Einrichtung regelmäßiger Pausenangebote mit spielerischen, kreativen und meditativen Schwerpunkten;
- Einrichtung von haltungs- und bewegungsorientierten Angeboten, zumindest für Schüler/innen und Lehrer/innen, mit Bewegungsspielen (u.a. new games), Bewegungsmeditation (u.a. Th'ai Chi), Haltungs- und Funktionsgymnastik (u.a. Feldenkrais-Methode) aber auch Pantomime, Tanz usw.;
- Angebote zur Selbst- und Fremdwahrnehmung der Körpersprache: Haltung als sichtbare Gestalt von Innerlichkeit erleben und verstehen lernen.

Körper-Sinne-Sinnlichkeit

Reflexionshilfen:

- Wie bewältige ich den medienwirksam transportierten Druck des »Ewig-jung-braun-dynamisch-fit-gestylten-Körpertypus«, der als Schönheitsideal in unserer Leistungsgesellschaft selbst zum Fetisch stilisiert ist?
- Nehme ich noch wahr, dass unsere unwirtlichen Lebenswelten eine »nachgeburtliche Abtreibung unserer Sinnesfähigkeit« (Kükelhaus) bewirken und könnte es sein, dass ich am eigenen Leib mit meiner inneren Natur unter denselben Strategien der Plünderung, Ausbeutung und Zerstörung leide wie die äußere Natur mir gegenüber?
- Ist mir bewusst, dass ich mit Körper- und Bewegungsangeboten in die Identitätsbalance der Kinder- und Jugendlichen eingreife, indem ich die Vorerfahrungen und Fantasien der Schüler/innen im Umgang mit ihrem Körper berühre, wie Bewegungshemmungen, Berührungsängste, Nähe- und Distanzverhältnisse, Träume, Sehnsüchte usw.?

Praxisimpulse:

- Gestaltung und Bau von »Erfahrungsfeldern zur Entfaltung der Sinne« (Kükelhaus), damit es dem Einzelnen möglich wird, die eigenen Sinne zu Kritikern und Genießern zu entwickeln;
- Über integrale Sinneserfahrungen zu Sinnfragen anstiften;
- Auf Grund der Sinnesentfaltung sinn-volle Lebens- und Erfahrungsräume gestalten, die ganzheitlich beleben;
- Über vielfältige Körper- und Bewegungserfahrungen wie Balancieren, Spannung und Entspannung, Atmung und Rhythmus, Meditation, Massage usw. ein Körperbewusst-Sein anlegen (awareness), das sich zu einem identitätsbildenden Selbstkonzept entwickeln kann und hierfür Selbsterfahrungs- und Reflexionshilfen anbieten;
- Sinnes- und körperorientierte Methoden für Erfahrungs- und Lernprozesse nutzen wie ein Lernen mit Hand und Fuß, Kim-Spiele, Körperbilder, Sinnesreisen usw.;

Krankheit & Heilung / Krise & Krisenbewältigung

Reflexionshilfen:

- Wann gelingt es mir besonders gut bzw. schlecht im (schulischen) Alltag mit Achtsamkeit und Sensibilität auf kränkende Einflüsse oder alarmierende (Körper-)Signale zu reagieren?
- Finde ich die Ruhe und die Kraft, persönliche Krisen und Krankheiten mehr als einen wesentlichen Ausdruck meiner aktuellen Bewältigung von Lebensaufgaben zu interpretieren oder eher als isolierten Defekt (»Betriebsschaden«), der mich

daran hindert, in unserer leistungsbezogenen Gesellschaft reibungslos zu funktionieren?

- Investiere ich Zeit und Geld in begleitende Unterstützungsangebote in Form von Balint-Gruppen oder ähnlichem, damit sich Prozesse der persönlichen Ent-täuschung nicht in eine berufliche Entsorgung umkehren?

Praxisimpulse:

- Aufbau begleitender Unterstützungsangebote in der Schule, jeweils für Schüler/innen, Lehrer/innen und Eltern, unter Nutzung außerschulischer Ressourcen wie Schulpsychologischer Dienst, Gesundheits- und Beratungsdienste der Kommunen, Wohlfahrtsverbände, Kirchen usw.,
- Aufbau von schulinternen Vertrauenspersonen und -gruppen in Form laienorientierter Selbsthilfegruppen;
- Kursangebote in Erster Hilfe, einschl. Sofortmaßnahmen bei epileptischen und asthmatischen Anfällen, Unterzuckerung usw.;
- Sammlung und Vermittlung bewährter volksmedizinischer Heilmittel und -methoden, wie z.B. Heilkräuter und ihre Anwendung;
- Vermittlung von Orientierungshilfen für einen verantwortlichen Umgang mit den Erkenntnissen und Methoden der sog. Schulmedizin als auch der Komplementär-Medizin (sog. »Alternativ-Medizin«);
- Vermittlung von Interpretationsmodellen, die helfen können, Krisen und Krankheiten in ihren möglichen Zusammenhängen zu verstehen;
- gesundheitliche Belastungen von Schüler/innen und Lehrer/innen nicht mehr tabuisieren, sondern thematisieren und Konsequenzen für das Schulleben daraus ziehen.

Lebensräume

Reflexionshilfen:

- Erkenne ich an meiner Schule unwirtliche Merkmale von »struktureller Gewalt«, wie z.B. die serielle Anordnung von 08/15-Strukturen, unveränderbare Konstanz, scheinbare Perfektion, einfältige Strukturlosigkeit, maßlose Überproportionen, rückzugslose Überschaubarkeit – und wenn ja, stoße ich mich (noch) daran?
- Spüre ich Unterschiede in der Lebens- und Lernatmosphäre, je nach dem, in welchem Raum ich mich aufhalte? Welche Räume in meiner Schüle orientieren sich in der Gestaltung an den Lebensbedürfnissen der Nutzer, wie z.B. Schutz und Geborgenheit, Rückzugsmöglichkeit und Abschluss, Verbindung nach außen und kommunikative Kontaktfläche und welche folgen lediglich den Prinzipien »Aufsicht und Reinigung«?
- Was ist mein Beitrag zur Gestaltung eines belebenden Lehrerzimmers, in dem Inspiration und Erholung oder Rückzug und Besprechungen gleichermaßen möglich sind?

Praxisimpulse:

- Gestaltung von kleinen »Schönheitshindernissen« (Hundertwasser) in Form von Skulpturen, Plastiken, Mauerwerke, Nischen, Zonen, Räume usw.;
- Gestaltung eines Schulgartens im Sinne eines »Biotops für Kinder«;
- Erschließung ungenutzter/ungeliebter Räume im Innen- und Außenbereich zur Aus- und Umgestaltung für unterschiedliche Zwecke und Bedürfnisse: Bewegungslandschaften, stressfreie Muße- und Entspannungsräume, Kreativitäts- und Experimentierfelder, Sinnesgärten und Erfahrungsfelder der Sinne, Oasen für die Pause usw.;
- Installierung von attraktiven und variablen Informations- und Präsentationsmöglichkeiten zur schulinternen Kommunikation;
- Klassen- oder Arbeitsgemeinschaften eine Chance geben, für eine längere Zeit denselben Raum zu nutzen, damit sie sich diesen gestalterisch aneignen können;
- Klassenräume als Lernwerkstätten einrichten und gestalten, die variabel unterschiedlichen Nutzungsansprüchen und Bedürfnissen räumlich gerecht werden können.

Naturerleben & Ökologie

Reflexionshilfen:

- Suche ich (noch) unmittelbare sinnenhaft-sinnliche Begegnungen mit der Erde und Luft, dem Wasser und Boden, mit Fließbewegungen oder Verhaltensweisen, mit Mustern und Strukturen und wenn ja, welchen Einfluss nimmt ein Genuss oder Verzicht auf mein Befinden?
- Existiert für mich ein erlebbarer Zusammenhang zwischen Umweltzerstörung und Innenwelt(zer)störung? Und wenn ja, was investiere ich bzw. gebe ich auf zu Gunsten einer Umgestaltung meiner Lebenszusammenhänge?
- Kann ich mir vorstellen, dass ich durch meinen Lebensstil den heutigen Kindern und Jugendlichen eine (ökologische) Altlasten-Hypothek hinterlasse, die nicht nur den (gesundheitsfördernden) Handlungsspielraum nachfolgender Generationen drastisch einengen wird, sondern darüber hinaus bereits heute »No-future-Stimmungen«, »Nach mir die Sintflut« oder ähnliche Haltungen provoziert?

Praxisimpulse:

- Versiegelte Flächen schrittweise auf dem Schulgelände renaturieren und »wilde Gärten« mit Biotop-Vielfalt anlegen;
- Schrittweise Umbau der Schule nach ökologischen Prinzipien durch Nutzung von baubiologischen, energiesparenden und bioästhetischen Kriterien, durch bessere Ressourcen-Nutzung und Maßstäben der ökologischen Bilanzierung usw.;
- Gestaltung eines Erfahrungsfeldes (»Phänomena«) und/oder Erschließung außerschulischer Erlebnisorte zur unmittelbaren sinnenhaften Begegnung mit Na-

turphänomenen wie Elemente, Prozesse, Energien, Strukturen, Rhythmen, Gestalten, Muster usw.;
- Zusammenhänge der äußeren und der inneren Natur erfahren, reflektieren und Konsequenzen für das schulische Leben erarbeiten und umsetzen;

Risiko & Grenzen

Reflexionshilfen:
- Sind meine persönlichen Sicherheits- und Ordnungsbedürfnisse im Laufe der Jahre gestiegen und wenn ja, in welchen Bereichen vor allem? Riskiere ich dennoch (kleine) Grenzüberschreitungen und Formen des zivilen Ungehorsams und wenn ja, bei welchen Anlässen?
- Interpretiere ich risikofreudige Kinder und Jugendliche eher als »auffällig«, »störend«, »abweichend« und »verhaltensgestört« (weil sie lernen müssen, sich in Ordnungen der Gesellschaft einzufügen) oder interpretiere ich sie eher als »gesund«, weil für Kinder und Jugendliche das Erproben und Überschreiten von Grenzen, Normen und Werten eine zentrale Entwicklungsaufgabe darstellt?
- In welchen Bereichen erlebe ich ein mir zugemutetes »Restrisiko« als große Belastung oder sogar als unerträglich und wie gehe ich damit um?

Praxisimpulse:
- Erlebnisintensive Herausforderungen schaffen durch Skateboard-Bahnen, Fahrrad-Hindernis-Parcours, Balancier- und Klettergärten usw. als improvisierte Gestaltungen oder fest installierte Erlebnislandschaften;
- Spannende Spielerlebnisse nach Ideen von »Spiel ohne Grenzen«, »Jux-Olympiaden« o. Ä. gestalten z.B. als Schulfest oder Erlebnistage;
- Erlebnispädagogische Aktionen oder Tage durchführen mit Spielen und Aufgaben, einschl. Klettern, Floßfahrt, Kanufahrt, Segeln, Orientierungswandern usw.;
- Getrennte Mädchen- und Jungengruppen zur Auseinandersetzung mit Aggressionen, Wagemut, Selbstverteidigung, Abenteuergeist, Sicherheitsbedürfnis anbieten, in denen ein »Sich-spüren-können« genauso möglich ist wie Reflexionshilfen zum persönlichen Umgang mit Leistungsgrenzen, Nähe- und Distanz-Grenzen, dem Tod usw.;
- Ein reflektiertes Bewusstsein dafür fördern, dass Begrenzung ein sinnstiftendes Moment ist, das wesentlich unsere Haltung zu Gesundheit, Krankheit und Tod sowie zum Erleben und Leiden, zur Freude und Schmerz usw. prägt;

Suche & Sehnsucht

Reflexionshilfen:

- Gönne ich mir immer wieder einen Zugang zu meinen eigenen Träumen, Utopien, Fantasien und Hoffnungen und wie nutze ich die lebensspendende Kraft meiner (heimlichen) Sehnsüchte?
- Erlebe ich mich hin und wieder als Opfer der werbemäßig inszenierten Scheinwelt? Und wie fördere ich meine Fähigkeit zur Selbstreflexion, um achtsam und sensibel zwischen tatsächlichen und vermeintlichen Bedürfnissen entscheiden zu können?
- Wie kann ich Kindern und Jugendlichen helfen, sich aktiv mit Süchten und Suchtmitteln auseinanderzusetzen und wie kann ich mein Kollegium davon überzeugen, dies als eine eigenständige Entwicklungsaufgabe im Erwachsenwerden zu begreifen?

Praxisimpulse:

- Gründung einer schulinternen Selbsthilfegruppe für Lehrkräfte (evtl. mit externer Moderation) zur Auseinandersetzung mit persönlichen Suchtproblemen wie Alkohol und Tablettenabhängigkeit, Arbeitssucht (workaholic), Spiel- und Kaufsucht usw.;
- Gründung einer Arbeitsgemeinschaft zur wechselseitigen Unterstützung, um die wirklichen Bedürfnisse, Wünsche, Träume und Hoffnungen der Kinder und Jugendlichen immer wieder neu »lesen« zu lernen und ernst zu nehmen;
- Innerhalb des Kollegiums als verbindende Querschnittsaufgabe Umgangsformen erproben und festigen, mit denen die Persönlichkeitsentwicklung der Schüler/innen gestärkt werden kann wie Selbstachtung, Eigenverantwortung, Selbsteinschätzung, Frustrationstoleranz, Konfliktfähigkeit usw.;
- Mit Selbsterfahrungsangeboten das Seelenleben der Schüler/innen und Lehrer/innen entschleunigen helfen, wie z.B. durch Meditation, Joga, T'ai-Chi, katathymes Bilderleben, expressiv-ekstatisches Tanzen, Musizieren, Malen usw.;
- Für selbstorganisierte Vertrauens- und Unterstützungspersonen oder -gruppen bei Schüler/innen werben;
- Die Diskussion und praktische Auseinandersetzung vom Gebrauch illegaler Drogen auf den gesellschaftlich legitimierten Umgang mit legalen Drogen und stoffungebundenen Süchten verlagern, z.B. durch Podiumsdiskussionen, Ausstellungen, Selbsthilfegruppen;
- Aufklärung über Hintergründe, Strategien und Zusammenhänge der Steuerung bzw. Beeinflussung des Gebrauchs von illegalen und legalen Drogen z.B. durch internationale Drogenkartelle oder Werbestrategen multinationaler Sucht- und Genussmittelindustrien;

Zeit leben

Reflexionshilfen:

- Fühle ich mich häufig als atemloses Opfer eines äußeren Sogs des Immer-schneller und gönne ich mir Aus- und Atempausen z.B. in Form von Krankheiten?
- Helfen mir Antistressprogramme und Entspannungsübungen meinen Berufsalltag erträglich zu gestalten oder neige ich dazu, meinen Alltag systematisch mit einer inneren Rastlosigkeit zu überfüllen? Kann ich (noch) Ruhe, Stille und Einsamkeit aushalten oder sogar genießen?
- Wie achtsam nehme ich das eigene In-der-Zeit-Sein wahr und wie bewusst gestalte ich Eigenzeiten? Nehme ich hierbei Rücksicht auf meine endogenen Rhythmen?

Praxisimpulse:

- Arbeitstechniken zur Reduzierung von Zeitdieben im schulischen Alltag anwenden und vermitteln (Zeitmanagement), z.B. im Unterricht, während Konferenzen und Arbeitsgruppensitzungen, aber auch bei Hausaufgaben bzw. Unterrichtsvorbereitungen;
- Freiräume zur Gestaltung von »Eigenzeit« erschließen und erweitern, z.B. durch Projekt- oder Freiarbeit;
- Strategien der Entschleunigung nutzen und Oasen der Ruhe und Kontemplation bzw. stressfreie Zonen für Lehrer/innen und Schüler/innen einrichten;
- Bewusst Arbeitsrhythmen suchen, die sich wohltuend vom 45-Minuten-Takt abheben;
- Den zeitlichen Taktgeber wie Pausenklingel Gong oder Glocke atmosphärisch »freundlich« gestalten, z.B. als pentatonisch gestimmte Gongfolge. Anfang und Ende als gemeinsame Einstimmungen und Ausklänge bewusst gestalten und ggf. ritualisieren;

Ausblick

Aus meiner Sicht hat es weder die risikofaktorenfixierte Gesundheitserziehung noch die scheinbar unbeschwert von Gesundheits- bzw. Schutzfaktoren geleitete Gesundheitsförderung überzeugend geschafft, die Vielfalt und Widersprüchlichkeit des Lebens konzeptionell angemessen zu berücksichtigen. Fehlte bei der Jagd nach Risikofaktoren die nötige Leichtigkeit und belebende Kraft der Lebenslust, so verführt die fahrlässige Verkürzung des neuen Gesundheitsverständnisses in der trügerischen Gleichsetzung mit »Wohlbefinden« (wellness) dazu, die existenziellen Sinndimensionen der Lebenslast erneut zu verdrängen.

Deshalb plädiere ich für eine Gesundheitsbildung, die von einem ganzheitlichen Lebensbegriff ausgeht, der einerseits Gesundheit als leitende Idee und andererseits Krankheit als Kritik oder herausforderndes Korrektiv in eine bereichernde Beziehung setzt, ohne die Antipoden des Lebens immer wieder wechselseitig gegeneinander auszuspielen. »Es geht also darum«, so der psychosomatische Mediziner Rolf Verres, »ein Grundvertrauen in die Beeinflussbarkeit und den sinnvollen Zusammenhang des eigenen Lebens zu entwickeln (…) Dazu kann die Bereitschaft gehören, sich Erlebnisbereichen wie Angst, Schmerz, Wut, dem Nichts, der Einsamkeit zu stellen und diese mit der Lebenslust zusammenprallen zu lassen.«[1] Erst mit dieser Konfrontation und Auseinandersetzung zwischen den Licht- und Schattenseiten des Lebens kann Gesundheitsbildung in Tiefendimensionen der individuellen und sozialen Lebenskunst vorstoßen, die Ausdruck und Anlass von tragfähigen Lebensstilen sind. Hierfür bilden aus meiner Perspektive die skizzierten Themenfelder einen lebensnahen Reflexions- und Gestaltungsrahmen. Und hierdurch könnte ein »Leben lernen« gelingen!

Und weil »Kunst eine Kraft ist, das Leben zu vertiefen« (Verres), und weil das Leben als ein stets labiler, psychosomatisch, sozial, institutionell und ökologisch irritierbarer, aber auch unterstützbarer Balanceakt verstanden werden kann, ist es durchaus reizvoll, diesen gelebten Balanceakt – wie Rolf Verres vorschlägt – als ein »Gesamtkunstwerk«[2] zu interpretieren. Der Gesundheitsbildung fiele dann die zentrale Aufgabe zu, den »Sinn für Kohärenz« (Antonovsky) zu fördern. Mit diesem Begriff ist ein Gespür für das gemeint, was das eigene Leben zusammenhält.

Vor diesem Hintergrund haben Kindergärten und Schulen jetzt die Chance für Kinder und Jugendliche – einem Resonanzraum gleich – zum »Leben lernen« lebendige LebensWelten zu werden, denn:

> »*Wer nie ein lebenswertes Leben erfahren hat, ist unfähig, sich ein wünschenswertes vorzustellen.*« (Rudolf zur Lippe)

1 Verres, R. Die Kunst zu leben. Krebsrisiko und Psyche. München 1991 (S. 217) Ebd. S. 223ff.
2 Verres, R. Die Kunst zu leben. Krebsrisiko und Psyche. München 1991 (S. 217) Ebd. S. 223ff.

Felix Winter

Die »Gretchenfrage«

Wie halten wir es mit der Leistungsbewertung?

Die Leistungsbeurteilung und Leistungsfeststellung sind bislang Bereiche schulischer Tätigkeit, die deutlich den Lehrern[1] vorbehalten sind. Sie sind es, die Leistungsansprüche stellen, die Prüfungssituationen gestalten und Leistungen beurteilen. In aller Regel tun sie dieses sehr individuell. Dass Lehrer gemeinsam Leistungen beurteilen, ist (abgesehen von mündlichen Abschlussprüfungen) selten, und die Schüler sind zwar betroffen von vielfältigen Leistungsüberprüfungen, werden aber selten ernsthaft zu diesen Fragen auch nur gehört. Lehrer haben gewissermaßen ein Monopol in der Leistungsbeurteilung, und einen Teil ihrer Macht beziehen sie daraus. Will man sich dem Ideal gemeinsam gestalteter Lernprozesse, einer gemeinsam gestalteten Schule nähern, so ist es erforderlich, das schulische Verständnis von Leistung sehr grundlegend und unter anderen Perspektiven neu zu betrachten und zu verändern (s. Schratz 1994, von Saldern 1997, Winter 1997b, Lange 1999).

Das Konzept vom Haus des Lernens, wie es die Bildungskommission NRW (1995) vorgelegt hat, beinhaltet in seinem Zentrum eine erweiterte, eine neue Lernkultur, die verstärkt auf produktives Lernen, auf vollständige Lernprozesse und auf mehr Selbststeuerung sowie Selbstverantwortung der Schüler baut. Es war den Autoren und Autorinnen der Denkschrift sehr bewusst, dass zur Realisierung ihrer Vorstellung von einer neuen Lernkultur auch veränderte Formen und Inhalte der Leistungsbeurteilung gehören würden (a.a.O., S. 97ff.). Als besonders wichtig sahen sie diesbezüglich eine verbesserte Rückmeldung an, die auch aus der Selbstevaluation der geleisteten Arbeit gewonnen werden sollte. Wenn ich – wie in der Überschrift ausgedrückt – die Frage der Leistungsbewertung beim Aufbau einer neuen Lernkultur als eine Gretchenfrage ansehe, so ist damit gemeint, dass sie einerseits zentral wichtig für das Vorhaben ist, aber andererseits auch unangenehm und schwer zu beantworten. Es verwundert daher nicht, dass die Ausführungen der Bildungskommission diesbezüglich etwas vage bleiben und um das Problem der Notengebung einen Bogen machen. Demgegenüber soll hier betont werden, dass es aussichtslos erscheint, eine neue Lernkultur etablieren zu wollen, wenn die Leistungsbewertung nicht nachhaltig geändert wird. Insbesondere dürfte es wichtig sein, in radikal anderer Weise über Leistungen miteinander zu kommunizieren, als dies bisher der Fall

1 Der sprachlichen Einfachheit halber wird im folgenden Text jeweils nicht von Lehrerinnen und Lehrern sowie von Schülerinnen und Schülern gesprochen, sondern schnöde die männliche Form benutzt, obwohl es sich bei etlichen Aspekten lohnt, die geschlechtstypisch unterschiedlichen Herangehensweisen zu bedenken.

ist. Im Folgenden will ich daher einige Merkmale der bislang an Schulen üblichen Leistungsbewertung den Erfordernissen einer zukünftigen gegenüberstellen. Außerdem soll an ausgewählten Beispielen skizziert werden, welche neuen Formen Lehrer und Schüler heute schon nutzen können.

Ein traditionelles schulisches Lernmuster ist es, dass Lehrer einen bestimmten Stoff darstellen, ihn mit den Schülern an Aufgaben üben und zu einem späteren Zeitpunkt – wiederum an Aufgaben – überprüfen, wieweit diese den Stoff verstanden oder wenigstens behalten haben und richtig anwenden können. Alsdann versucht der Lehrer, die Leistung in Form von Notenstufen zu beschreiben (siehe dazu Abbildung 1). Die Noten bilden vor allem ab, welche Arbeiten innerhalb einer Klasse besser oder schlechter sind.

Abbildung 1: Traditionelles Lernmuster

Ein anderes Muster schulischen Lernens ist in Abbildung 2 skizziert. Hier beginnt ein Lernprozess mit einer gemeinsamen Phase des Arbeitens. Ein Themenbereich wird eröffnet, es werden Fragen formuliert und ein Plan, wie ihre Klärung vorangetrieben werden kann, wird entworfen. Die Schüler können eigene Interessen und Fragen einbringen und sich für bestimmte nachfolgende Aktivitäten entscheiden. Gedanklicher Hintergrund der Abbildung 2 war es, dass eine Klasse eine Art Waldschadens-/Waldgesundheitsbericht anhand einfacher Indikatoren und durch Befragung wissender Personen – wie etwa des Försters – erstellt. Es kommt dabei zu einer Vielzahl geplanter und selbstständig durchgeführter Handlungen, wie etwa eine Blattsammlung anzulegen und Flechten zu fotografieren. Das Wissen wird hierbei in vergleichsweise komplexen Zusammenhängen erworben. Man kann davon sprechen, dass hier vollständige Lernakte organisiert werden (vgl. dazu Reusser 1994).

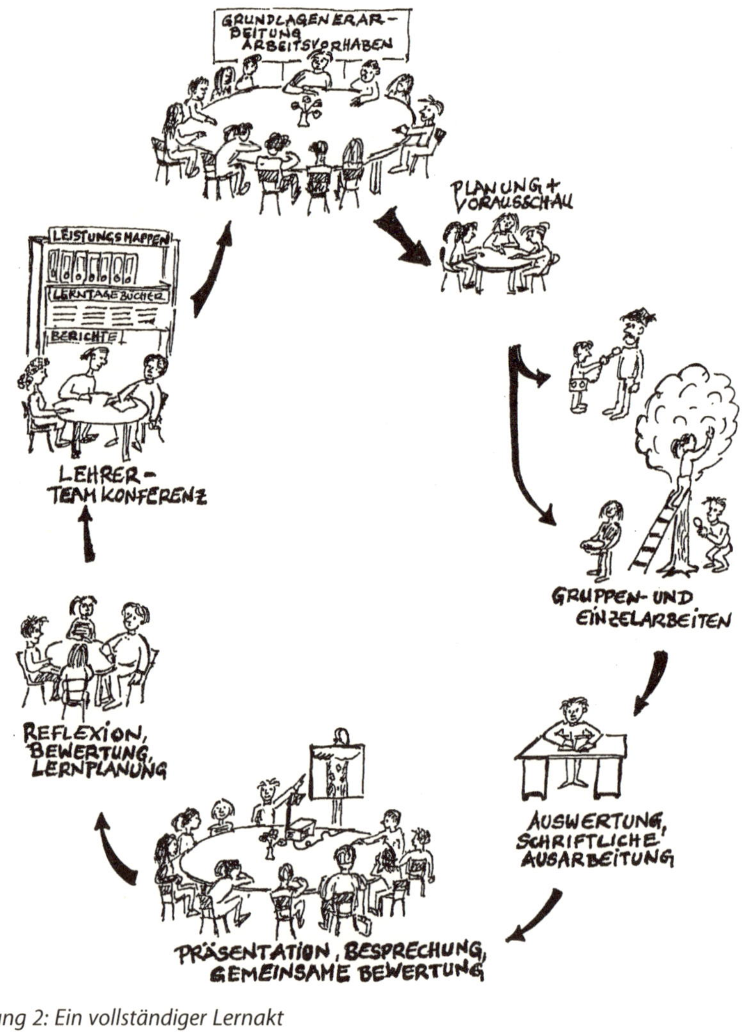

Abbildung 2: Ein vollständiger Lernakt

Im hier zu behandelnden thematischen Zusammenhang geht es weniger um die Frage der Lernorganisation, sondern darum, welche Stellung und Funktionen die Leistungsbewertung in verschiedenen Arrangements hat und wie diese erweitert und verändert werden können. In Abbildung 2 ist angedeutet, dass sich diesbezüglich eine Reihe neuer Momente ergeben. Hier wird ein koordinierter Prozess der Erfahrungssammlung geplant und zum Teil eigenständig vorangetrieben. Besonderer Wert wird auf die gemeinsame und individuelle Reflexion gelegt. Diese wird gleichermaßen als Mittel zum Vorantreiben des Arbeitsprozesses und zum Erschließen der Leistung genutzt. Sie ist aber nicht nur Mittel, sondern selbst Ziel, weil es nicht zuletzt darum geht, die Schüler zur Reflexivität zu befähigen und zu erziehen. Da die Schüler selbst Pläne entwickeln, haben sie eine gute Basis dafür, den tatsächlichen Verlauf ihrer Arbeit zu reflektieren und zu bewerten. Es geht dabei nicht in erster Linie darum einzuschätzen, ob es »gut« oder »schlecht« lief, sondern zu *betrachten, wie man vorgegangen ist* und welche Merkmale des Arbeitsprozesses sich als ertragreich erwiesen haben (vgl. Winter 1991, S.33ff. und 139ff.). Außerdem sind die Schüler aufgefordert, ihren eigenen Beitrag selbst noch einmal einzuschätzen. Hervorzuheben ist, dass ihre Leistung – anders als im ersten Lernprozess – für die Klasse sichtbar und nützlich wird. Wenigstens teilweise können die anderen Schüler bei der Präsentation der Untersuchungsergebnisse sehen, was die Untergruppe und einzelne Personen zu Stande gebracht haben. Im Sinne eines vollständigen Lernaktes gehört schließlich dazu, Einsichten aus der Reflexion eines Erfahrungs- und Lernprozesses in neue Pläne und Vorhaben zu überführen. So könnte etwa ein Lehrer mit einem Schüler gemeinsam überlegen, wie dieser eine sichtbar gewordene Stärke künftig für die schulische Arbeit nutzen kann, oder was zu tun ist, um eine erkennbare Schwäche zu überwinden.[1]

Ob nun im zweiten Modell eines Unterrichts eine Note zu vergeben wäre, mag offen bleiben. Sie trägt vermutlich nichts zu einem besseren Verstehen der erbrachten Leistung bei und wäre meines Erachtens auch entbehrlich. Eine Benotung birgt immer die Gefahr einer Verengung der Sinnperspektive der erbrachten Leistung. Die ganze Unternehmung kann den Schülern dann selbst so erscheinen, als habe man sie nur gemacht, um innerhalb der Schule und ihrem künstlichen Leistungsbewertungssystem gut dazustehen. Im zweiten Lernprozess sind aber Sinnperspektiven möglich, die über den schulischen Leistungsbeweis hinausgehen, weil eine stellungnehmende Gestaltung mit Bezug auf ein Schlüsselproblem erfolgt (Feiks/Krauß 1992).

Die beiden hier skizzierten Typen des Unterrichtens und der Leistungsfeststellung können jeweils für eine Vielzahl ähnlicher Vorgänge stehen. Auf der einen Seite geht es dabei eher um lehrerzentrierte, darstellende Methoden mit anschließender Überprüfung des Gelernten, auf der anderen Seite finden sich projektartige Formen des Unterrichts, selbstgesteuertes, entdeckendes Lernen (etwa im Rahmen von Wochenplan- bzw. Freiarbeit), handlungsorientiertes Lernen oder auch bestimmte Formen von Methodentraining. Es geht hier gar nicht darum, sie gegeneinander zu-

1 Im Bild ist dieser Vorgang nicht gesondert dargestellt.

stellen und auf- oder abzuwerten. Beide Typen des Unterrichtens werden vermutlich künftig ihren Platz in der Schule haben, beide können gut oder schlecht gemacht sein. Ein die Gedanken klug führender Lehrervortrag kann sehr bildend auf die Schüler wirken, und jeder, der Erfahrungen mit projektartigem Unterricht hat, weiß, wie viel dabei einerseits gewonnen werden, aber andererseits auch misslingen kann. Bezogen auf die Frage einer gemeinsamen Gestaltung des »Arbeitsplatzes« Schule enthält der zweite Unterrichtstyp allerdings deutlich mehr Ansatzpunkte für demokratische Umgangsformen, bei denen die Klasse gemeinsam geteilten bzw. gemeinsam entwickelten Interessen folgt, ihr Zusammenwirken frei gestaltet und in regem Austausch miteinander steht (vgl. Dewey 1993, S. 113ff.). Wie weit dieses demokratische Potenzial entfaltet werden kann, hängt nicht unwesentlich davon ab, welcher Art die Leistungsbewertung dabei ist und wie sie organisiert wird. Implizit und explizit enthalten die beiden Unterrichtstypen ein unterschiedliches Lern- und Leistungsverständnis. Sie tendieren zu unterschiedlichen Formen und Inhalten der Leistungsfeststellung und Leistungsbewertung. Die Unterschiede im Leistungsverständnis werden im Folgenden tabellarisch dargestellt.

Modell A (siehe Abb. 1)	**Modell B** (siehe Abb. 2)
definiert Leistung als etwas Individuelles;	lässt gemeinschaftliche Leistungen zu oder erfordert sie sogar;
versteht Leistung vor allem als Aufnahme von vorgetragenem Wissen, als Behalten, Reproduktion und Transfer;	versteht Leistung als Erarbeitung von Wissen, als Fähigkeiten in Handlungs- und Erfahrungszusammenhängen und als Lernen des Lernens;
ist meist bezogen auf die Aneignung dessen, was in Schulbüchern und Lehrplänen steht;	ist direkter bezogen auf Phänomene der Umwelt, auf Lebensprozesse;
normiert die Leistungsforderung. Alle erhalten gleiche Aufgaben, gleiche Zeit und gleiche Bedingungen;	differenziert und individualisiert die Lern- und Leistungsprozesse;
macht die Leistung an einem Produkt fest;	bezieht die Arbeitsprozesse in die Leistungsbewertung ein;
beschreibt die Leistung in der Regel nur in Form von Ziffernoten;	versucht die Leistungen differenziert und inhaltlich mit Worten zu beschreiben, versucht aussagekräftige Rückmeldung bereitzustellen;
macht die Leistungsbeurteilung ausschließlich zur Sache des Lehrers;	bezieht die Sichtweisen der Schüler ein. Mit ihnen wird inhaltlich über die Leistung geredet;
ist auf die relative Güte einer Leistung konzentriert und benutzt dabei die soziale Vergleichsnorm.;	versucht Leistung inhaltlich zu beschreiben und kann die Kriteriumsnorm und den individuellen Fortschritt leichter in die Bewertung einbeziehen;
lässt die Leistung und die Leistungsbeurteilung weitgehend im Verborgenen	macht die Leistung und die Leistungsbeurteilung zum Teil öffentlich.

Diese Gegenüberstellung ist freilich in mehrfacher Hinsicht überzeichnet. Erstens muss festgehalten werden, dass die Leistungsbewertung im Modell B zwar die genannten Möglichkeiten enthält, diese aber in der heute üblichen Praxis meist noch nicht ausgeschöpft werden. Zweitens sind auch bei vorwiegend lehrerzentriertem, darstellendem Unterricht eine ganze Reihe Maßnahmen vorstellbar, die sich auf eine Leistungsbewertung, wie sie in der zweiten Spalte anklingt, zubewegen.

In den für Modell B formulierten Aussagen sind einige Leitgedanken enthalten, die für das Leistungsverständnis einer gemeinsam gestalteten, demokratisch geführten Schule richtungweisend sein können. Sie sollen deshalb noch einmal etwas genauer betrachtet und erläutert werden.

Das Leistungsverständnis schließt hier auch den *Prozess* der gemeinschaftlich oder individuell hervorgebrachten Leistung ein. Der Prozess selbst und seine Merkmale werden bereits als Leistung gesehen und daher richtet sich die Aufmerksamkeit auch auf seine Bewertung. Dies geschieht unter anderem deshalb, weil sich an den Prozessmerkmalen, an den Arbeitsweisen und an den aufgetretenen Schwierigkeiten Hinweise darauf gewinnen lassen, wie weitergelernt werden sollte.

Stärken und Schwächen, die sich bei der Bewältigung der Aufgabe gezeigt haben, können daraufhin betrachtet werden, welche individuellen und gemeinschaftlichen Schlussfolgerungen daraus zu ziehen sind. Mit den Stärken und Schwächen hängen in der Regel Fähigkeiten oder auch fehlende Fähigkeiten bzw. Fehler im Vorgehen und in den Haltungen der Beteiligten zusammen. Oder sie weisen auf unzureichende Lernbedingungen hin, vielleicht sogar auf Situationsmerkmale, die eine Lernbehinderung darstellen. Derartige Komponenten aufzuspüren und zu betrachten bedeutet Lernprozesse zu verstehen (vgl. Kautter 1998, Schlee 1998). Damit wird diese Form der Leistungsreflexion *diagnostisch*. Die diagnostischen Bemühungen finden dabei in der Situation statt, in der auch gelernt wird (im Gegensatz zur Anwendung von Testverfahren). Sie sind folglich direkt (vgl. Barkey 1975), und man kann unmittelbar Schlussfolgerungen aus ihnen ziehen.

Um diagnostisch auf Lernprozesse schauen zu können und geeignete Schlussfolgerungen daraus für die weitere Arbeit ziehen zu können, müssen *die Lehrer Fachleute für Lernprozesse* sein *und Entwicklungen bzw. Entwicklungsmöglichkeiten* erkennen können. Mit der Orientierung auf Entwicklungen und mit dem Ziel, Entwicklungsmöglichkeiten (»Zonen nächster Entwicklung«) zu erkennen, bewegt man sich von der klassischen Funktion der Leistungsbeurteilung weit weg. Hier geht es nicht mehr darum, eine (Mess-) Latte für alle Schüler aufzulegen und diejenigen auszusondern, die es jetzt nicht schaffen darüberzuspringen. Hier geht es darum, sich im Ringen um die Entwicklung des Einzelnen wie auch der Klasse als Ganzes miteinander zu verbünden.

In vielen konkreten Fragen wird auch der erfahrenste Diagnostiker nicht weiterkommen, wenn ihm bestimmte Bedingungen des Zustandekommens einer Leistung nicht bekannt sind. Über diese wissen in vielen Fällen aber gerade die Schüler Bescheid. Sie wissen beispielsweise, was sie sich gedacht haben, als sie bestimmte Fotos von den Baumflechten für die Präsentation ausgewählt haben. Die *Einbeziehung der*

Schüler in die Leistungsermittlung und Leistungsbewertung ist daher nicht bloß in einem allgemeinen Demokratieanspruch begründet, sie ist eine Notwendigkeit, wenn man Leistungen verstehen und diagnostisch nutzen möchte (vgl. Winter 1991, S. 120 und 145ff.). Ein weiterer Gesichtspunkt kommt hinzu, wenn man bedenkt, dass es heute eine erstrangige Aufgabe ist, Jugendlichen dabei zu helfen, sich in unsicheren Verhältnissen selbstständig zu orientieren und sich selbst zu entwickeln (vgl. Ziehe 1991, 1996, Brater 1997, Negt 1997). Angesichts dieses Erfordernisses wird die Urteilsfähigkeit gegenüber fremden und eigenen Leistungen zu einer zentral wichtigen Persönlichkeitsressource. Sie kann nur dann ausgebildet werden, wenn Schüler Fragen nachgehen können, die für sie selbst wichtig sind, Entscheidungen in Lernprozessen treffen können und an Urteilsprozessen beteiligt sind.

Die Sichtweisen und Urteile der Schüler wird man für gemeinsame Prozesse der Leistungsbewertung nur dann erheben und nutzen können, *wenn neue Formen sachlicher und entritualisierter Kommunikation über Leistung* an Schulen etabliert werden. Auf der Seite der Lehrer ist dabei viel Offenheit für und Neugierde auf die Erfahrungen und Sichtweisen der Schüler nötig. Überdies müssen sie bereit sein, auch ihr eigenes Handeln hinterfragen zu lassen. Alle Beteiligten müssen an einer neuen Kultur gegenseitiger Wahrnehmung arbeiten. Einige günstige Bedingungen für eine sachliche und entritualisierte Kommunikation über Leistungen sind in einem gesonderten Kasten aufgeführt (siehe Abb. 3).

Wenn man sich die Aufgabe stellt, Leistungen in gemeinsamen Kommunikationsprozessen zu verstehen und zu bewerten, sollte man von vornherein anerkennen, dass es die Leistung als solche nicht gibt. Leistung ist ein Konstrukt und es sind jeweils *mehrere Perspektiven möglich.* Damit ist zunächst einfach gemeint, dass verschiedene Personen mit ihren (erklärten) Kriterien auf die Leistung schauen können und sollen. Darüber hinaus ist aber auch daran gedacht, dass alle Beteiligten dazu aufgefordert werden sollen, mit verschiedenen »Brillen« ein Produkt, einen Prozess oder auch eine Person einzuschätzen. So kann ein Beurteiler beispielsweise versuchen, nacheinander verschiedene »Brillen« auszuprobieren. Zunächst die Brille des Begeisterten, der das Gelungene an einer Leistung und die Stärken der beteiligten Personen genau zu sehen versucht. Zweitens die Brille des Kritikers, der Mängel aufzuspüren versucht und das Geleistete auch mit vergleichbaren Leistungen, mit Umständen und mit dem Erreichbaren in Beziehung setzt. Drittens die Brille eines Beraters, der das Geleistete daraufhin betrachtet, wie die Beteiligten weiterkommen könnten. Er sollte versuchen, die Person in ihren (Entwicklungs-) Möglichkeiten zu sehen. In konkreten Situationen sind viele unterschiedliche Perspektiven möglich.

Günstige Bedingungen für sachliche Kommunikation über Leistung[1]			
Bei der Aufgabe und Gesprächssituation	**Beim Schüler**	**Beim Lehrer**	**Alle Beteiligten gemeinsam**
• überschaubare (nicht zu große) Aufgaben • zeitlich kurzer Abstand zur Leistungserbringung • transparente, an Beispielen erläuterte (operationalisierte) Kriterien • ruhige Gesprächssituation • Arbeitsprodukte, die in Ruhe betrachtet werden können (schriftliche, praktische, künstlerische) • Bedingungen, die eine Prozessbeurteilung ermöglichen • schriftlich vorliegende Arbeitsberichte und Reflexionen	• Bereitschaft, Leistungen zu erbringen und sie auch als abhängig von der eigenen Anstrengung und Fähigkeit zu sehen • Fähigkeit zur Selbstbeurteilung und Entwicklung eigener Standards • Bereitschaft, eigene Handlungsweisen und Haltungen zu überprüfen (Selbstreflexivität) • Möglichkeit, Rückmeldungen auch auf der Sachebene und weniger auf der Beziehungsebene (»er mag mich nicht«) oder der Apellebene (»du sollst mehr arbeiten«) wahrzunehmen • Bereitschaft, die diagnostische Kompetenz der Lehrer anzunehmen	• Bereitschaft und Fähigkeit, Leistungen zu würdigen (und nicht bloß Fehler aufzuzeigen) • Bereitschaft und Fähigkeit, die ganze Person des Schülers wahrzunehmen (seine Stärken, Schwächen und Ressourcen) • Fähigkeit, Leistungen in ihre Komponenten (Teilleistungen) aufzugliedern • Fähigkeit zur Diagnose, Lernplanung und zum Aufspüren von Entwicklungsmöglichkeiten • Bereitschaft und Fähigkeit, sein eigenes Vorgehen, v.a. seinen Unterricht und seine Maßstäbe, zu hinterfragen und beurteilen zu lassen	• Bereitschaft, sich zuzuhören und ernst zu nehmen • einander kennen und vertrauen • ein »Wahrnehmungsorgan« für Gruppenprozesse entwickeln

Abbildung 3

1 Das Schema gilt in dieser Form für den Standardfall, bei dem die Schülerleistung zur Debatte steht. Wenn die Lehrerleistung durch Schüler beurteilt wird, kann es (mit Einschränkungen) auch rollenvertauscht gelten.

Ein wichtiges Ziel der Schule muss es sein, allen Schülern Gelegenheit zu geben, etwas zu leisten. Sie sollen auf vielen Gebieten erleben, welche Aufgaben sie bewältigen und was sie zum Gelingen einer Unternehmung beitragen. Sie sollen außerdem erleben, *dass* ihre *Leistungen gewürdigt werden*. Das mag zunächst bedeuten, sie überhaupt wahrzunehmen. Außerdem sollten alle Beteiligten die Bereitschaft zeigen, Bemühungen auch dann anzuerkennen, wenn ein Resultat misslungen ist (ohne das Misslingen zu beschönigen). Aus Fehlern kann und soll gelernt werden (vgl. Lanser 1993), die Leistung an ihnen festmachen zu wollen, ist dagegen eine verbreitete, aber pädagogisch unsinnige Verfahrensweise (vgl. Ramseger 1993, S. 6). Vor allem aber kommt es darauf an, nicht die Defizite eines Schülers in den Vordergrund zu rücken oder gar zu suchen. Einer schwachen Leistung darf keine Demütigung folgen. Die Wertschätzung der Person darf nicht von der schulischen Leistung abhängen.

Die Betrachtung und Bewertung von Leistungen kann und soll in diesem Sinne *persönlich* erfolgen. Die Umstände, die Voraussetzungen und die Fortschritte der jeweiligen Person sollen zur Kenntnis genommen und in die Urteilsprozesse einbezogen werden. Ein Ziel ist es dabei, die Schüler zu ermutigen, auch wenn sie in Bezug auf das durchschnittliche Niveau einer Klasse hinterherhinken (vgl. Bambach 1993). Im Falle eines leistungsstarken Schülers kann unter den angesprochenen Gesichtspunkten aber beispielsweise die Konsequenz erwachsen, dass ein relativ gelungenes Produkt auch kritisiert wird, weil der Betreffende wenig Arbeit investiert und sich in keiner Weise entwickelt hat. Persönliche Leistungsbewertung heißt außerdem, dass individuelle Rückmeldungen gegeben werden und dass Ich-Botschaften in den Rückmeldungen Platz haben (etwa in der Form von Briefen an Schüler).

Schließlich sei der bereits angeklungene Gedanke ausdrücklich formuliert, dass Leistung *systemisch* gesehen werden sollte. Auch der größte Denker vollbringt seine Leistungen in bestimmten, historischen und Diskussions-Zusammenhängen. In gewisser Weise ist er Teil seines zeitgenössischen »Denkkollektivs« (vgl. Fleck 1980). In analoger Weise werden die Leistungen eines Schülers, einer Kleingruppe, einer Klasse in bestimmten Zusammenhängen erbracht. Der Stil und die Anforderungen der Schule, die Art des Unterrichts und vor allem die Interaktion in der Klasse wären hier zu nennen. Aber auch familiär-häusliche Bedingungen können bei einer systemischen Sichtweise von Leistung Beachtung finden. Die gezeigte Leistung wird folglich im situativen Kontext beschrieben und nicht allein auf Merkmale eines Produktes oder eines Schülers bezogen. Die Kontextbedingungen können förderlich oder auch lernbehindernd sein.

Wenn – wie dargelegt – für die Betrachtung und Bewertung von schulischen Leistungen also gefordert wird, sie sollten

- produkt- und prozessbezogen
- inhaltlich – differenziert
- diagnostisch

- entwicklungsorientiert
- unter Beteiligung der Schüler
- auf neue Weise kommunikativ
- mehrperspektivisch
- würdigend
- persönlich und
- systemisch (auf das Umfeld bezogen)

erfolgen, so sind damit zweifellos außerordentlich anspruchsvolle und komplexe Ansprüche formuliert. Sie sollten aber nicht schon deshalb beiseite gelassen werden, weil sie schwer erfüllbar sind. Viele von ihnen dürften hohen strategischen Wert dafür besitzen, dass Schulen zu »Häusern des Lernens« umgestaltet werden können. An der Frage des Umgangs mit der Leistungsbeurteilung wird sich für die Schüler letztlich beweisen, ob sie als Lernpartner wirklich ernst genommen werden und ob ihnen gestattet wird, ihre Entwicklung verantwortlich mitzugestalten.

Eine weitere Überlegung für die Demokratisierung der Leistungsbewertung ergibt sich aus der Tatsache, dass der Unterricht heute oftmals dergestalt nach außen geöffnet ist, dass Schüler im Sinne einer »Community Education« Projekte vorantreiben, die für andere Menschen nützlich sind, die Umwelt verbessern helfen und das Schulleben gestalten. Für einen derartigen Unterricht ist der Lehrer eigentlich nicht mehr der Erste und Einzige, vor dem die erbrachte Leistung verantwortet werden muss. Dafür sind zumindest auch die aktive Gruppe selbst, die Klasse, und die weitere soziale Umgebung zuständig. Sie sollten Einschätzungen abgeben und Anerkennung aussprechen. Demokratische Leistungsbewertung braucht so etwas wie Mehrfachloyalität (vgl. Delors 1997, S. 47) und Mehrfachbewertung.

Es stellt sich nun freilich die Frage, wie dies alles praktisch geschehen kann. Vieles von dem, was hier angedeutet wurde, ist zweifellos Zukunftsmusik oder Vision und noch keine breit erprobte Schulrealität. Es gibt aber eine Vielzahl Versuche, den Leistungen der Schüler anders als in herkömmlicher Weise zu begegnen. Um davon einiges vorstellbar zu machen, sollen im folgenden sieben Skizzen entworfen werden, in der Hoffnung, dass sie Lehrern und Schülern, die auf der Suche nach Neuem sind, als Anregung zur Gestaltung ihrer Schule bzw. ihres Unterrichts dienen können. Für einzelne Punkte sind Beispielbogen gegeben, andere Maßnahmen kann man sich leicht selbst konstruieren.

Skizze 1: Gelungene Arbeiten ausstellen!

In jedem Schulhalbjahr, in jeder Unterrichtseinheit fertigen die Schüler eine Reihe Arbeiten an. In aller Regel verschwinden diese bald in Schultaschen, Regalen oder Abfallkörben. Was bleibt, ist lediglich eine Note auf dem Papier. Wie wäre es, wenn Arbeiten eines bestimmten Unterrichtsabschnitts gesammelt und noch einmal ausgestellt würden, sodass alle sie betrachten können.[1] Selbstverständlich eignet sich eine solche Vorgehensweise besonders für künstlerische Produkte, Bilder, kreative Schreibarbeiten, Produkte einer Projektarbeitsphase und ähnliches (vgl. Barone 1991; Emer und Lenzen 1997, S. 224). Es ist aber auch möglich, in Mathematik, Physik, Geografie, Englisch und anderen Fächern am Ende eines Unterrichts die geleisteten Arbeiten (die Hefte) auszulegen, anzuschauen und dies zum Anlass zu nehmen, Rückschau zu halten und darüber zu sprechen, wie es der Klasse bzw. dem Einzelnen ging? Beispielsweise kann diskutiert werden, wieweit von dem Unterricht profitiert werden konnte und ob im folgenden Unterrichtsabschnitt anders gearbeitet werden sollte. Selbstverständlich müssen die Art und das Ausmaß solcher Reflexionssitzungen auf das Alter der Schüler abgestimmt sein. Eine derartige materialgebundene Rückschau schließt die Möglichkeit ein, sich noch einmal inhaltlich über das Geleistete zu verständigen und sich am Gelungenen gemeinsam zu freuen.

Skizze 2: Mitplanung und Unterrichtsreflexion

Wenn Schule eine gemeinsam getragene Veranstaltung sein soll, müssen auch alle Beteiligten die Möglichkeit erhalten mitzuplanen. Voraussetzung dafür ist es zunächst, dass die Lehrer ihre Vorhaben darstellen und die Schüler auffordern, sich dazu zu äußern. Schüler wissen beispielsweise recht genau, von welchen Arbeitsformen sie viel oder wenig profitieren. Hier kann ihr ernsthaftes Mitplanen von großem Nutzen sein. Mitplanung muss aber nicht lediglich als eine Vorausschau zu Beginn einer Unterrichtsphase organisiert sein. Eine »rollende Planung« kann einfacher und ergiebiger sein. Um sie zu realisieren, muss man unterrichtsbegleitend immer wieder Beobachtungen und Reflexionen organisieren (s. Winter 1997a). Das kann z.B. dadurch geschehen, dass Schüler den Auftrag erhalten, am Ende der Woche einen kurzen Rückblick auf das Geleistete zu geben. Ihre Beobachtungen dienen dann dazu, eine gemeinsame Reflexion anzuregen. Oder sie übernehmen für zwei bis drei Wochen die Aufgabe, mit dem Lehrer die Anlage des Unterrichts zu besprechen, die Abläufe zu beobachten und geben dann einen Bericht. Nützlich für die gemeinsame Planung einer Unterrichtseinheit ist vor allem eine »Halbzeitreflexion«. Zu diesem Zeitpunkt besteht meist noch eine Chance, Fehlentwicklungen und »Verkrampfungen« zu korrigieren. Unterrichtsbesprechungen zum Abschluss eines Schuljahres leiden sehr oft daran, dass sie nicht mit einer Planung verbunden werden und sich z.T. darin erschöpfen, Unzufriedenheiten rauszulassen oder oberflächliches Lob auszusprechen. Verschiedene Formen der Mitplanung und Unterrichtsreflexion sind ge-

1 An Waldorfschulen gibt es in gewissem Umfang eine Kultur der Leistungsschau, indem Klassen auf der schulöffentlichen »Monatsfeier« etwas aus ihrer Arbeit darstellen oder indem »Epochenhefte« und handwerklich-künstlerische Arbeiten (z.B. auf Elternabenden) ausgestellt werden. In besonderer Weise werden die Jahresarbeiten (vgl. Fuchs 1976) ausgestellt. Eine systematische Reflexion mit den Schülern über diese Produkte gibt es meines Wissens aber nicht.

eignet, neben der individuellen Schülerleistung auch den Unterricht einer Bewertung zugänglich zu machen. Sie tragen zu einer systemischen Sichtweise auf Leistungen bei.

Skizze 3: Vorausschau auf die Arbeit

Bevor wir in einen Arbeitsprozess eintreten, lohnt es sich, in Ruhe auf das Bevorstehende zu blicken. Welche Tätigkeiten werden zu verrichten sein? Welche Fähigkeiten, welches Wissen werden gebraucht? Was sollten alle lernen; womit brauchen sich nur einzelne Schüler beschäftigen? Was wird vermutlich leicht zu bewältigen sein, was wird schwierig?

Diese und ähnliche Fragen beschäftigen in der Regel nur die Lehrer. Es kann Vorteile für den Lernprozess bringen, wenn man gemeinsam mit Schülern eine Vorausschau hält. Auch unter dem Gesichtspunkt der Leistbarkeit und Leistung bietet sich das an. Eine einfache Methode ist es, mit einer Kleingruppe (oder auch einzelnen Schülern) ein vorausschauendes Gespräch zu führen. Besonders wichtig ist dabei die oben bereits genannte Frage: Was wird vermutlich schwierig, was wird leicht zu bewältigen sein? Hier gilt es für den Lehrer genau hinzuhören. Was trauen sich die Beteiligten zu und was noch nicht? Vermutlich begegnen ihm im Gespräch Einschätzungen der Schüler, die von seiner Sicht der Person oder der Gruppe abweichen. Diese sind ernst zu nehmen, denn das Selbstvertrauen und die Überzeugungen der Schüler bestimmen nachhaltig ihre Arbeitsweise. Es empfiehlt sich auch, eine Gruppe oder Einzelpersonen danach zu befragen, wo sie Unterstützung brauchen, wo sie diese bekommen könnten und was selbstständig erarbeitet werden kann.

Einige der in diesem Abschnitt genannten Fragen können den Schülern auch schriftlich, in Form eines kleinen Fragebogens, vorgelegt werden. Durch deren Beantwortung erhält der Lehrer Anhaltspunkte für den Beratungsbedarf und Hinweise auf noch fehlendes Wissen oder Selbstvertrauen seiner Schüler. Vor allem dort, wo (im Sinne von Modell 2) Schüler selbstständig arbeiten, bringt eine sorgfältige Vorausschau großen Nutzen.

Skizze 4: Bewertung während der Arbeit

Von Schoenfeld wird ein Unterrichtsverfahren beschrieben, bei dem die Schüler während der Bearbeitung von Aufgaben immer wieder aufgefordert werden zu erklären, warum sie so vorgehen und welche Überlegungen sie anstellen. Sie werden also dazu bewegt, ihre Leistung gewissermaßen im Prozess des Entstehens zu betrachten. Auf diese Weise kann eine Bewusstheit der operatorischen Seiten der Arbeit herbeigeführt werden. Die Schüler werden für ihr eigenes Denken sensibilisiert (vgl. Stebler u.a. 1994, S. 237ff.). Außerdem kann in der Klasse (der Lerngruppe) sichtbar werden, wie Einzelne an die Aufgaben herangehen. Dies ist eine Bedingung dafür, dass man voneinander lernen kann (siehe auch das Konzept des »reciprocal-teaching« bei Palincsar und Brown 1984). Insgesamt sollten die Kontrolle, Bewertung und Beurteilung des Arbeitens und Lernens in ihren Fortgang eingeflochten sein bzw. ihn begleiten. Auf diese Weise können alle Schüler die Fähigkeiten zur Selbstkontrolle, zur Arbeitsrückschau und Vorausschau erwerben (die leistungsstarke Schüler in der Regel besitzen). Das Lernen selbst rückt in den Vordergrund.

Skizze 5: Lerntagebuch

Ein Lerntagebuch dient dazu, den persönlichen Lernprozess festzuhalten und regelmäßig zu reflektieren. Es führt dazu, ein Bewusstsein dessen zu erlangen, wie man lernt und was man lernt. Es gibt kein Standard-Lerntagebuch. Es muss auf den jeweiligen Unterricht, die entsprechende Altersstufe und die Absichten, die damit verbunden sind, abgestimmt sein. Ein Lerntagebuch zu führen, kann vor allem für Schüler nützlich sein, die an ihrem eigenen Lernen etwas ändern wollen und sich bewusster über ihr Vorgehen werden möchten. (Lehrern bietet sich an, ein Pädagogisches Tagebuch zu führen, in dem sie wichtige Eindrücke und Erfahrungen notieren.) Durch das Aufschreiben allein wird oft eine Klärung von Situationen erreicht, die sonst »nur« gefühlsmäßig erfasst werden. Wenn mit einem Schüler das Führen eines Lerntagebuchs vereinbart wird, so sollten folgende Punkte bedacht werden (s.a. Winter 1999):

- Es sollten Fragen oder Kategorien gegeben werden, zu denen regelmäßig etwas berichtet werden kann. Zentral dürfte die Frage sein, wie man heute in einer Unterrichtsstunde oder auch bei selbstständiger (Haus-)Arbeit vorgegangen ist.
- Es sollte auch dazu aufgefordert werden, spontane und emotionale Äußerungen zu notieren.
- Das Lerntagebuch sollte ein Mittel der Kommunikation zwischen Schüler und Lehrer oder auch unter Schülern sein. Das kann z.B. bedeuten, dass der Lehrer am Ende jeder Woche das Lerntagebuch ausgehändigt bekommt, es liest und Gedanken bzw. Kommentare hineinschreibt. Oder aber Schüler tauschen sich anhand ihrer Arbeitsberichte im Rahmen von Lernpartnerschaften aus (vgl. Beck u.a. 1994). Gerade aus dieser Kommunikation ergibt sich – auf beiden Seiten – ein größeres Bewusstsein dessen, was eigentlich im Unterricht abläuft, wie er gestaltet werden kann und was geleistet wurde.

Will der Lehrer die Lerntagebücher kontinuierlich betreuen, so sollte gut überlegt werden, ob alle Schüler einer Klasse gleichzeitig Lerntagebücher führen. Das würde den Lehrer möglicherweise überfordern. Außerdem ist es wichtig, dass Schüler, die ein Lerntagebuch anlegen, einen Sinn in dieser Arbeit sehen. Diese Orientierung schließt nicht aus, dass ein Lehrer bestimmten Schülern gezielt vorschlägt, einmal mit einem Lerntagebuch zu arbeiten. Ein Lerntagebuch kann für alle Beteiligten ein nützliches Werkzeug sein, um Leistungen in ihrem Zustandekommen besser zu verstehen und Prozesse des Lernens in den Blick zu bekommen. Gallin und Ruf (1990, S. 166 ff.) sprechen in diesem Zusammenhang davon, dass die Schüler lernen zu reflektieren, zu assoziieren, zu verarbeiten und Spuren zu sichern. Sie nennen derartige Berichte »Reisetagebücher«.

Im *Anhang A* ist eine Beispielseite aus einem Lerntagebuch abgedruckt. Es empfiehlt sich, die Lerntagebücher mit einer den Unterrichtsstunden entsprechenden Zahl von Blättern zu vervielfältigen und den Schülern auszuhändigen. Das im Anhang gegebene Blatt mit dem Wochenrückblick erscheint dann nur einmal pro Woche.

Skizze 6: Eine Leistungsmappe anlegen!

Das was hier gemeint ist, hängt eng mit dem zusammen, was im Rahmen der ersten Skizze bereits geschildert wurde. Die Schüler sammeln (besonders gelungene) Arbeiten oder Dokumente über dieselben (z.B. Fotos) in einer Mappe. Beigefügt sind jeweils Beurteilungen seitens ihrer Lehrer, aber auch Selbstbeurteilungen. Solche Mappen werden auch Portfolios genannt. In den USA sind sie inzwischen sehr verbreitet, vor allem aber nicht nur im Bereich des Sprachunterrichts (vgl. Barton und Collins 1997). Sie können von den Lehrern zur flexiblen Steuerung des Unterrichts eingesetzt werden, indem z.B. die Anforderungen an die Einlagen für die Leistungsmappe präzise formuliert werden. In diesem Rahmen können die Schüler dann individuell arbeiten und auch außerhalb des Unterrichts Leistungen erbringen, die sie im Portfolio gewissermaßen abrechnen (vgl. Brunner und Schmidinger 1997; Kunze 1997). Vor allem dort, wo viel und kreativ geschrieben wird, sind Portfolios inzwischen ein beliebtes Mittel der Leistungsentwicklung und Leistungskontrolle (vgl. Bräuer 1998, S.178). Sie können auch dazu dienen, dass Schüler sich bei Arbeitgebern oder nachfolgenden Ausbildungseinrichtungen mit ihren bisherigen Leistungen vorstellen (vgl. Vierlinger 1993). Schauen wir aber auf die unmittelbaren Effekte solcher Leistungsdokumente: Die Schüler erfahren, dass ihre Arbeiten nicht bedeutungslos sind und erhalten die Möglichkeit, dieselben noch einmal zu reflektieren. Ja, sie können selbst Fortschritte wahrnehmen und einschätzen lernen. Wenn sie aufgefordert sind, selbst Stellungnahmen zu ihren Arbeiten abzugeben und Arbeiten für die Leistungsmappen auszuwählen, lernen sie, anders auf ihre Produkte zu schauen. Sie müssen sich Gedanken darüber machen, was sie geleistet haben und was sie leisten wollen. Sie werden sich daher mehr dafür interessieren, ob im Unterricht tatsächlich etwas Vorzeigbares herauskommt. Als Vorformen für die Anlage einer Leistungsmappe können besonders schön gestaltete Arbeitshefte in einzelnen Unterrichtsfächern betrachtet werden (s.a. Winter 2000).

In *Anhang B* ist die Anweisung zu einer Leistungsmappe abgedruckt.

Skizze 7: Ein vorbereitetes Gespräch über Leistung

Anhand einzelner Arbeitsprodukte lohnt es sich manchmal, ein intensiveres Gespräch zu führen. Intensiver soll dabei heißen, dass man über einen kurzen schriftlichen Lehrerkommentar oder ein paar ermutigende (oder mahnende) Worte bei der Rückgabe von Arbeiten hinausgehen möchte. Ein wenig Zeit muss man sich dafür freilich nehmen (möglicherweise eine Zeit, die sich lohnt). Aber auch diese Rahmenbedingung sichert nicht, dass ein ertragreiches Gespräch zu Stande kommt. Diesem Ziel kann man näher kommen, wenn die eingeladenen Schüler gebeten werden, eine schriftliche Selbsteinschätzung ihrer Arbeit mitzubringen (vgl. Winter 1996)[1]. Dadurch wird gewährleistet, dass die Schülersicht in die gemeinsame Betrachtung eingeht und Voraussetzungen für ein echtes Gespräch geschaffen sind (siehe auch Abb. 3). In seinem Verlauf können Gedanken darüber entwickelt werden, wie in der kommenden Zeit gearbeitet werden sollte. Außerdem ist es möglich, individuelle Lernvereinbarungen (Kontrakte) zu schließen. Diese sollten schriftlich formuliert werden. Auch mit kleinen Gruppen sind solche Gespräche über Leistung möglich. In einer guten Lerngruppe können sich Schüler untereinander nützliche Rückmeldungen und Hinweise geben.

In Anhang C ist ein allgemein gehaltener Selbstbewertungsbogen abgedruckt, den Schüler vor einem Gespräch ausfüllen sollten. Für spezielle Unterrichtsthemen und Anlässe sollte er konkretisiert und abgewandelt werden.

Abschließende Gedanken

Im Anschluss an diese nur knapp beschriebenen sieben Vorgehensweisen mag sich die Frage stellen, ob man nicht von dem, was Leistungsbeurteilung üblicherweise beinhaltet, meilenweit entfernt ist und letztlich auch wenig zu einer in der Schule erforderlichen Beurteilung beiträgt. Dieser Eindruck mag entstehen. Ich glaube aber, dass die skizzierten Wege (auch wenn sie zunächst nur als Umwege erscheinen mögen) letztlich zu einem sehr viel konkreteren Verständnis von schulischer Leistung und zu gehaltvolleren Leistungsbewertungen führen. Vor allem aber ist jede einzelne der vorgeschlagenen Maßnahmen für sich geeignet, ein anderes »Klima« des Unterrichts zu fördern und Haltungen bei den Beteiligten zu erzeugen, die sie dem Ideal einer gemeinsam gestalteten Schule näher bringen können. Will man sich auf dieses Ideal ernsthaft zubewegen, so scheint es mir unabdinglich zu sein, Freiräume für neue Formen des Umgangs mit den Leistungen zu schaffen und zu nutzen. Demokratie bedeutet auch, dass die Beteiligten frei sind, die sie betreffenden Angelegenheiten so zu regeln, wie es ihrem Willen und ihrer Vernunft entspricht. Die Leis-

1 Einige anregende Selbsteinschätzungsbogen, die bereits im Grundschulbereich eingesetzt wurden, sind bei Wehr (1992) zu finden.

tungsbewertung in einer demokratischen Schule darf daher nicht nur von überkommenen Verfahren und juristischen Regeln bestimmt sein.

Von vielen Grundschullehrern wird heute beklagt, dass ihre Bemühungen und Erfolge bezüglich einer neuen Lernkultur und einer erweiterten Kommunikation über Leistungen in der Sekundarstufe keinerlei Fortsetzung finden und entsprechende Fähigkeiten der Schüler wieder verloren gehen. In der Oberstufe werden dann Selbstständigkeit beim Arbeiten und eigenständige Urteilsfähigkeit vermisst. Es erscheint daher dringlich, dass etwas getan wird, um in der Sekundarstufe I eine erweiterte Lernkultur und andere Formen der Leistungsbewertung zu etablieren. Alle der oben skizzierten Verfahren lassen sich bereits heute neben der Notenvergabe praktizieren (auch wenn sie inhaltlich dazu teilweise im Widerspruch stehen). Bei ihrer Anwendung zeigt sich, dass sie den Urteilen und Sichtweisen des Lehrers nicht weniger, sondern mehr Gewicht geben. An seine Beobachtungs- und Urteilsfähigkeit werden hohe Anforderungen gestellt. Seine Bewertungen schreiten dann aber nicht mehr daher wie unumstößliche Wahrheiten oder Gerichtsbeschlüsse. Sie können von den Schülern inhaltlich wahrgenommen, besprochen und praktisch genutzt werden.

Als Dewey vor mehr als 80 Jahren formulierte, dass Demokratie in erster Linie eine Form des Zusammenlebens und gemeinsam geteilter Erfahrung sei, gab er eine Orientierung, die er auch in der Erziehung für bedeutsam hielt. Vielleicht gelingt es endlich auch bei der Leistungsbewertung etwas mehr davon zu verwirklichen.

Literatur

Bambach, H.: Ermutigungen. Zeugnisse ohne Noten, im dritten und vierten Schuljahr der Bielefelder Laborschule. Die Grundschulzeitschrift 7 (1993), H. 63, S. 6–8

Barone, T.: Assessment as Theater: Staging an Exposition. Educational Leadership 48 (1991), H. 5, S. 57–59

Barton, J./Collins, A. (Eds.): Portfolio Assessment. A Handbook for Educators. White Plains (Dale Seymour) 1997

Bildungskommission NRW: Zukunft der Bildung – Schule der Zukunft. Neuwied 1995

Barkey, P.: Direkte versus indirekte Modelle sonderpädagogischer Diagnostik. In: Kornmann, R. (Hrsg.): Diagnostik bei Lernbehinderten. Rheinstetten 1975, S. 20–35

Beck, E./Guldimann, T./Zutavern, M.: Eigenständiges Lernen verstehen und fördern. In: Reusser, K./Reusser-Weyeneth, M. (Hrsg.): Verstehen. Psychologischer Prozess und didaktische Aufgabe. Bern 1994, S. 207–225

Böttcher, W./Brosch, U./Schneider-Petri, H. (Hrsg.): Leistungsbewertung in der Grundschule. Weinheim und Basel 1999

Brater, M.: Schule und Ausbildung im Zeichen der Individualisierung. In: Beck, U. (Hrsg.): Kinder der Freiheit. Frankfurt 1997, S. 149–174

Bräuer, G.: Schreibend lernen. Studien-Verlag. Innsbruck und Wien 1998

Brunner, I./Schmidinger, E.: Portfolio – Ein erweitertes Konzept der Leistungsbeurteilung. Erziehung und Unterricht 147 (1997), H. 10, S. 1072–1086

Delors, J.: Lernfähigkeit: Unser verborgener Reichtum. Unesco-Bericht zur Bildung für das 21. Jahrhundert. Neuwied 1997

Dewey, J.: Demokratie und Erziehung. Eine Einleitung in die philosophische Pädagogik. Weinheim 1993 (Original 1916)
Emer, W./Lenzen, K.-D.: Methoden des Projektunterrichts. In: Bastian, J.; Gudjons, H.; Schnack, J. Speth, M. (Hrsg.): Theorie des Projektunterrichts. Hamburg 1997, S. 213–230
Feiks, D.; Krauß, E.: Schulleistung – Neubestimmung eines Begriffs. Lehren und Lernen 18 (1992), H. 5, S. 1–24
Fleck, L.: Entstehung und Entwicklung einer wissenschaftlichen Tatsache. Frankfurt/M. 1980 (Original 1935)
Fuchs, E.: Individuelle Bewährung in der Schule: Jahresarbeiten und schuleigene Abschlussprüfung. In: Bai, S./Barkhoff, W. E./Bockemühl, M. (Hrsg.): Die Rudolf Steiner Schule Ruhrgebiet: Leben, lehren, lernen in einer Waldorfschule. Reinbek 1976, S. 210–247
Gallin, P./Ruf, U.: Sprache und Mathematik in der Schule. Zürich 1990
Kautter, H.: Das »Thema des Kindes« erkennen. Umrisse einer verstehenden pädagogischen Diagnostik. In: Eberwein, H./Knauer, S. (Hrsg.): Handbuch Lernprozesse verstehen. Weinheim 1998, S. 81–93
Kunze, H.: Individualisierte Leistungsbewertung. Erfahrungen mit einer Variante der Portfoliomethode. Naturwissenschaften im Unterricht: Physik 45 (1997), H. 38, S. 27–29
Lange, G.: Die Laufrichtung ändern. Praxis Deutsch 26 (1999), H. 155, S. 58–62
Lanser, G.: Mit Fehlern konstruktiv umgehen. In: Bartnitzky, H./Portmann, R. (Hrsg.): Leistung in der Schule – Leistung der Kinder. Frankfurt/M. (Arbeitskreis Grundschule e.V.) 1993, S. 166–172
Negt, O.: Kindheit und Schule in einer Welt der Umbrüche. Göttingen 1997
Palincsar, A.S./Brown, A.L.: Reciprocal Teaching and Comprehension-Fostering and Comprehension-Monitoring Activities. Cognition and Instruction 1 (1984), H. 2, S. 117–175
Ramseger, J.: Lernprozesse differenziert beurteilen. Die Grundschulzeitschrift 7 (1993), H. 63, S. 6–8
Reusser, K.: Die Rolle von Lehrerinnen und Lehrern neu denken. Kognitionspädagogische Anmerkungen zur »neuen Lernkultur«. Beiträge zur Lehrerbildung 12 (1994), H.1, S. 19–37
v. Saldern, M.: Schulleistung in Deutschland – ein Beitrag zur Standortdiskussion. Münster 1997
Schlee, J.: Diagnostik von Lernprozessen durch Rekonstruktion Subjektiver Theorien. In: Eberwein, H.; Knauer, S. (Hrsg.): Handbuch Lernprozesse verstehen. Weinheim 1998, S. 66–80
Schratz, M.: Das retardierende Moment. Wie die Leistungsbeurteilung den pädagogischen Fortschritt hemmt. Informationen zur Deutschdidaktik 18 (1994), H. 2, S. 17–34
Stebler, R./Reusser, K./Pauli, C.: Interaktive Lehr-Lern-Umgebungen: Didaktische Arrangements im Dienste des gründlichen Verstehens. In: Reusser, K./Reusser-Weyeneth, M. (Hrsg.): Verstehen. Psychologischer Prozess und didaktische Aufgabe. Bern 1994, S. 227–259
Vierlinger, R.: Die offene Schule und ihre Feinde. Wien 1993
Wehr, D.: Grundschulkinder schätzen sich und ihre Leistung ein. In: Bartnitzky, H./Portmann, R. (Hrsg.): Leistung in der Schule – Leistung der Kinder. Frankfurt/M. (Arbeitskreis Grundschule e.V.) 1993, S. 61–78
Winter, F.: Schüler lernen Selbstbewertung. Ein Weg zur Veränderung der Leistungsbeurteilung und des Lernens. Frankfurt/M. 1991
Winter, F.: Schülerselbstbewertung. Die Kommunikation über Leistung verbessern. In: Bambach, H./Bartnitzky, H./v. Ilsemann, C./Otto, G. (Hrsg.): Prüfen und Beurteilen. Friedrich Jahresheft, Seelze 1996, S. 34–37
Winter, F.: Den Unterricht mitplanen. In: Meyer, M.A./Rampillon, U./Otto, G./Terhart, E. (Hrsg.): Lernmethoden, Lehrmethoden. Wege zur Selbstständigkeit. (Lernbox) Friedrich Jahresheft, Seelze 1997a

Winter, F.: Für ein neues Leistungsverständnis. In: Hendricks, W./Koch-Priewe, B./Schmitt, H./Stübig, H. (Hrsg.): Bildungsfragen in kritisch-konstruktiver Perspektive. Weinheim 1997b, S. 177–185

Winter, F.: Mit Leistung anders umgehen lernen – das Beispiel Lerntagebuch. In: Huber, L./Asdonk, J./Jung-Paarmann, H./Kroeger, H./Obst, G. (Hrsg.): Lernen über das Abitur hinaus. Seelze 1999, S. 196–207

Winter, F.: Erleben von Fortschritten – mit Portfolio arbeiten. In: Lernende Schule 3 (2000), H. 11

Ziehe, T.: Zeitvergleiche. Jugend in kulturellen Modernisierungen. Weinheim 1991

Ziehe, T.: Vom Preis des selbstbezüglichen Wissens. In: Combe, A./Helsper, W. (Hrsg.): Pädagogische Professionalität. Frankfurt/M. 1996, S. 924–942

Anhang A:
Beispielseite eines Lerntagebuchs

Datum:

Gegenstände dieser Unterrichtsstunde – kurze inhaltliche Beschreibung:

....

....

....

Wie wurde gearbeitet?

....

....

Was war heute mein Beitrag?

....

....

Was war neu und wichtig für mich?

....

....

....

Was davon möchte ich behalten bzw. wieder verwenden?

....

....

Was davon kann ich getrost vergessen?

....

....

Eine Stimmungsäußerung:

....

....

<u>Wochenrückblick – Wochenkommentar – Vorausschau (Was plane ich zu tun?):</u>

....

....

....

Platz für Rückmeldungen der/des Lehrenden (siehe ggf. folgende Seite):

Anhang B:
Beispiel einer Anweisung im Klappendeckel einer Leistungsmappe

Zu dieser Leistungsmappe (Portfolio)

In dieser Mappe sollen alle wesentlichen Produkte, die du selbst in diesem Kurs erarbeitest, gesammelt werden. Was als Leistungsnachweis eingereicht wird, soll gesondert vermerkt werden (siehe unten). Es handelt sich also nicht um einen Hefter, in dem alle Notizen und Schriftstücke aus dem Kurs abgelegt werden. Die Mappe soll im Kursraum bleiben.

Anforderungen:

Spätestens zum Kursende sollen in der Mappe sein:

1. **Eine eigenständig durchgeführte Betrachtung zu einem Märchen**.
2. **Das beste selbst geschriebene Märchen**.
   Diese Märchen sollen in einem Kursheft für alle vervielfältigt werden.
3. **Die gelungenste Illustration** zu einem der Märchen.

Zu jedem dieser Leistungsnachweise ist ein **Deckblatt** beizulegen, auf dem folgendes genannt bzw. beschrieben ist:

a) Kurs und Name;
b) Art der Aufgabe, die bearbeitet wurde;
c) kurze Stellungnahme, warum das Produkt ausgewählt wurde und was als gelungen angesehen wird.

Gegen Ende des Kurses wird der Kursleiter die Mappen bewerten und in kleinen Gruppen besprechen.

LNW	Inhalt:	Datum:	Bestätigung des Kursl.
1.			
2.			
3.			
	ggf. weitere Einlagen:		

Anhang C:
Selbstbewertungsbogen

Anregungen zum Schreiben einer Selbstbewertung

Die Anregungen sind für den Fall gedacht, dass ein Produkt (z.B. eine schriftliche Arbeit) vorliegt. Auf der Grundlage der Selbstbewertung soll ein Gespräch mit der Lehrerin bzw. dem Lehrer geführt werden. Es wird nicht erwartet, dass in jedem Fall zu allen Punkten etwas zu sagen ist. Die Stichworte sollen Richtungen des Nachdenkens vorgeben. Unter Umständen müssen sie – bezogen auf den jeweiligen Aufgabenzusammenhang – verändert und konkretisiert werden.

A Die Erarbeitung des Produkts

- **Material**: Welche Erfahrungsquellen (z.B. Bücher) lagen vor, wie wurden sie beschafft?
- **Zeit**: Welche Zeit stand zur Verfügung, wie viel wurde gebraucht, wie wurde sie eingeteilt?
- **Arbeitsvorgehen**: Womit wurde begonnen, welche Arbeitsschritte folgten, welche waren schwierig/leicht? Was würde ich das nächste Mal anders machen?
- **Umstände**: Wo wurde die Arbeit überwiegend angefertigt, wo konnte ich gut arbeiten, welche anderen Belastungen störten?
- **Unterstützung**: Wer und was hat mir geholfen, welche Hinweise, Gespräche und Auskünfte waren nützlich?

B Eigene Bewertung

- **Stärken der Arbeit:** Was ist mir gut gelungen, womit bin ich zufrieden, worauf bin ich ein bisschen stolz?
- **Schwächen**: Was ist mir nicht recht gelungen, was hätte ich gerne verbessert, wo waren Schwierigkeiten, die ich noch nicht bewältigen konnte?
- **Fehlende Informationen, ungünstige Bedingungen**: Was hätte ich haben oder wissen müssen, um diese Arbeit noch besser bewältigen zu können?
- Eine ganz **emotionale Äußerung** (z.B. »Es war nervenaufreibend«):

C Einschätzung der Hintergründe dieser Leistung

- **Fähigkeiten**, die hier nützlich waren (z.B. ich kann schnell lesen und auffassen):
- **Schwächen**, die sich hier (wieder) zeigten (z.B. es fällt mir schwer, eine Gliederung zu entwerfen und dann auch einzuhalten):
- **Wo ich mich vermutlich entwickeln muss** (z.B. Arbeitsweisen, Wissensgebiete):

D Fragen

- Wozu ich gerne eine Rückmeldung hätte!
- Was ich selbst nur schlecht einschätzen kann:

Norbert R. Müllert

Lernen auf den Kopf stellen

Mit Zukunftswerkstätten zu neuen Lehr-Lern-Formen und -Chancen

Der Kalender aus dem Computer

Nach den Osterferien begann der Sozialkundeunterricht ungewohnt. Der Lehrer versetzte die Schüler/innen in die Lage, Vorschläge für den Unterricht zu entwickeln. Dazu benutzte er die Soziale Problemlösungsmethode »Zukunftswerkstatt«, durch die es Gruppen ermöglicht wird, selbst ihnen wichtig erscheinende Anliegen so einzukreisen, dass sie praktisch umgesetzt werden können.

Die Fragestellung für die Werkstatt lautete: »Was interessiert euch, was peppt, was macht euch an?« Um auf Neues zu kommen, konnten die Schüler/innen zunächst all ihren Frust und Unmut zum bisherigen Unterricht loswerden. Von den vielfältigen Kritikpunkten will ich nur den Strang wiedergeben, der schließlich zu einer Umorientierung, zu einem Projekt führte. Da hieß es: Gähn, Langweiler, technikblind, von gestern, zu wenig Medien, realitätsfern, keine Computerspiele, PC-Ängste, Internetblock.

In der darauf folgenden Stunde wurde der als technikfern kritisierte Unterricht durch eine kleine Utopie aus der Welt geschafft. Jetzt bestand der gesamte Unterricht aus Computerspielen, durch die alles benötigte Wissen vermittelt wurde – und zwar nebenbei und unaufdringlich, brandneu und »anturned«. Dem Lehrer fiel dabei vor allem die Rolle des Beschaffers von Spielobjekten zu; sonst hatte er einfach mitzuspielen.

Beim dritten Zusammentreffen entstand auf dem Hintergrund obiger utopischer Vorstellungen und der aus ihnen herausgelösten faszinierenden Ideen der Vorschlag zu einem besonderen Kalender. Ein Wandkalender wurde konzipiert, der ganz und gar mithilfe moderner Technik gestaltet und erstellt werden sollte. Das bedeutete, sozialkundliche Inhalte, Texte, Bilder, Berichte, Grafiken im Computer so zu bearbeiten, dass ein spannender, ein »fetziger« Kalender entstand.

Nachdem die Gesamtgruppe diesem Projekt zugestimmt hatte, begann die eigentliche »Arbeit«: Konzeption, Planung und Ausführung. Das aus dem Prozess der Werkstatt hervorgegangene Projekt zog alle Schüler/innen in seinen Bann. Sie brachten es sogar fertig, dass der Kalender schließlich gedruckt und verkauft wurde. Zugleich erreichte der Lehrer mit dem Werkstatteinstieg, an den Schülerinteressen anzusetzen und diese mit seinem Fach zu verknüpfen.

Art und Weise des Lernens in Zukunftswerkstätten

Da in Zukunftswerkstätten Kritiken und Befürchtungen, aber auch Hoffnungen und Ideen zu einem Anliegen auf einfache Weise vorgebracht und daran anknüpfend Gestaltungsforderungen und Veränderungsvorschläge entwickelt werden, bieten sie sich zur Bereicherung und Belebung des Bildungsbereichs an: Für Schule, Hochschule und Volkshochschule ebenso wie bei beruflichen Fortbildungsmaßnahmen, schließlich überhaupt bei allen Lern-Lehrvorhaben zu Zwecken der Vorbereitung, Vertiefung und Weiterführung.

Wie das projekthafte Lernen in einer Zukunftswerkstatt konkret vor sich geht, wie eine Zukunftswerkstatt anzulegen und zu moderieren ist, kann ich in diesem Rahmen nur andeuten. Gewöhnlich werden in Werkstätten von einem Tag bis zu fünf Tagen Themen behandelt, die Teilnehmergruppen von bis zu dreißig Personen unmittelbar betreffen oder sie doch stark interessieren. Damit derart gruppengetragene Probleme gelöst, Themen durchdrungen oder zukunftsorientiert Vorhaben bewältigt werden können, sind drei Phasen nacheinander zu durchlaufen:

1. *Beschwerde- und Kritikphase*
   Fragestellung, Thematik, Problem durch kritische Aufarbeitung in ihren verschiedenen Aspekten klären – Bestimmung des Istzustands.
2. *Fantasie- und Utopiephase*
   Hauptkritiken zum Istzustand mit sozialer Fantasie und Kreativität überwinden – Ausbreitung des Wunschhorizonts
3. *Verwirklichungs- und Praxisphase*
   Teile des Wunschhorizonts zu Forderungen bzw. Projektumrissen verdichten – Klärung des Handlungspotenzials

Ziel des Drei-Phasen-Modells ist es, sich durch zeitweises Fantasieren und Träumen so zu lösen, dass wünschbare Alternativen und Auswege nicht nur hervortreten, sondern zu praktischen Konsequenzen führen. Das heißt, die Werkstattmethode bietet überall dort Möglichkeiten, wo Menschen bereit sind, sich mit ihren Fantasien, Wünschen, Visionen an die Zukunftsgestaltung heranzuwagen. Zum Tragen kommt ein einfallsreiches Mitdenken und Mitplanen. Die »Werkstattarbeit« erlaubt, dass sich die Teilnehmenden einbringen und engagieren, Kritik frei aussprechen und analysieren, Fantasie und ungeahnte Kreativität entfalten und somit neue Wege für erfolgreiches Handeln bloßlegen.

Zusammengefasst zeichnen sich Zukunftswerkstätten vornehmlich aus: Durch

- Schaffen eines weitgehend hierarchiefreien Raumes, einer Art »Spielsituation«, um unvoreingenommen und gelöst sein zu können;
- geringen Bedarf an Hilfsmitteln: Verschieden große Papierblätter und einige Papierbahnen, Pastellölkreiden und Klebeband, dazu vielleicht noch einige Scheren und Bastelmaterial;

- Anwenden von Moderations-, Visualisierungs-, Sammel-, Rubrizierungs-, Brainstorming- und Kreativitätsmethoden, um eingefahrenen Gruppenroutinen und Diskussionsritualen zu begegnen;
- Einhalten des Prinzips des Sich-Kurz-Fassens und des Sich-Ausdrückens in Beispielen;
- Vorgehen nach dem Drei-Schritt: Istzustand (Beschwerdephase), Wunschhorizont (Fantasiephase) und Handlungspotenzial (Verwirklichungsphase);
- Einbau gruppengemäßer Verfahrensweisen und Auswahlformen, um sich nicht in Vielfalt zu verzetteln;
- situationsgemäßen Wechsel der Arbeit in der Gesamtgruppe und in Kleingruppen bei Einzelschritten;
- Zurückführen der Gruppen durch zielgerichtetes und doch inhaltlich-selbstbestimmtes Zusammenwirken von der Fantasie- auf die Verwirklichungsebene;
- Ermöglichen einer konstruktiven Zusammenarbeit von Personen mit extrem voneinander abweichenden Lebenshintergründen und Meinungen – durch mannigfaltige Lerneffekte, die das gesamte Werkstattgeschehen prägen.

In der Zukunftswerkstatt ist die zusammengekommene Gruppe immer auch zugleich »Lerngruppe«. Sie wird im Prozess des »Werkens« in die Lage versetzt, für das jeweilige Anliegen nicht nur Lösungen zu finden, sondern auch durch die Synergie der intensiven Klein- und Großgruppenarbeit stetig dazuzulernen und den eigenen Horizont zu erweitern. Didaktisch gesehen hilft die Werkstattmethode sowohl sich den Lernzielen sondierend zu nähern als auch sie sich zu erschließen und bis in Nachbereitungen hinein zu durchdringen.

Was in Zukunftswerkstätten geschieht, ist ein Lernen ohne Lehrer, ein Lernen, das engagiert, kreativ, demokratisch, kooperativ und offen ist, damit ein Lernen das Eingefahrene auf den Kopf stellt. In der Zukunftswerkstatt gibt nicht die Lehrperson oder besser die Moderation den Ton an, sondern die Werkstattgruppe, die sich ihr Thema, ihr Problem oder ihre Fragestellung *gemeinschaftlich* erarbeitet. Auf der Grundlage der persönlichen Kenntnisse und Fähigkeiten sowie der Gruppenzusammensetzung wird sie befähigt zu entdecken und auszudrücken, was sie vorhat, was sie möglicherweise anfangen und »lernen« will. Zukunftswerkstätten verkörpern eine projektbezogene Lernform, ein Lernen in Selbsthilfe. Wie können Zukunftswerkstätten in den Unterricht einbezogen werden? Dazu möchte ich beispielhaft die Schüler einer neunten Klasse zu Wort kommen lassen. Sie hatten sich zuvor mit Lebensumwelt und Wohnumgebung in ihrem Stadtteil auseinandergesetzt. Im Mittelpunkt der *Kritikphase* stand der Straßenverkehr im Stadtteil. Sie äußerten:

zu wenig Fahrradwege	zu gefährlich
zu viel Lärm	zu wenig Spielplätze
Spielplätze schlecht	zu wenig Parkplätze
zu wenig Grün	zu wenig Polizisten
zu wenig Wasserpumpen	zu wenig Bäume
schlechter Zustand der Häuser	zu wenig Treffpunkte
zu wenig Jugendfreizeitheime	Verkehrslärm
kahle Steinwüsten	Hundekacke
zu viele Menschen	Straße verschmutzt
wenig Kontakte	schlechte Straßenbeleuchtung
gefährliche Verkehrssituationen	Baustellen
zu viel Abgase	zu wenig Sonne
zu viele Ampeln	zu viele Verkehrsschilder
schlechte Bürgersteige	verstümmelte Bäume
Straße als Feindesland	graue, triste Farben
rücksichtslose Fahrweise	keine Gärten
zu viel Hektik	Unfälle
ungemütliche Straßen	

In der Fantasiephase gestalteten, bastelten, malten die Schüler/innen in Kleingruppen ihre Wünsche und Träume, wie sie die »Straßenmisere« lösen würden. Was dadurch alles sichtbar und erkennbar wurde, spiegelt sich in folgender Liste wider:

- Beamstellen an den Kreuzungen (känguruartige Hüpfvorrichtungen)
- Wasserstraßen rechts und links der Fahrbahn
- Spielstraßen
- Schaumgummibarrieren, die auf Knopfdruck aus der Straße kommen
- Grün, Blumen, Dünen
- Reitesel, Kühe
- Rutschautomaten ins Wasser
- Trinkautomaten, Freizeitbus
- Fußwaschanlagen
- Fische in den Wasserstraßen, Straßenzoo
- Bürgersteig als Rollband
- Straßenverkehr unter die Erde
- Verengung der Straßen, schlangenförmige Straßen
- Fahrradwege, keine Autos in Wohnstraßen
- mehr öffentliche Verkehrsmittel, am Stadtrand große Parkhäuser

Die Abstimmung, welche der Wunschnennungen am meisten favorisiert wurden, ergab folgendes Bild:

1. Beamstellen
2. Grün, Blumen, Bäume
3. Fahrradwege
4. Verengung der Straßen, schlangenförmige Straßen

Was die *Verwirklichung* anging, führten die »Beamstellen«, also das Sichere-über-die-Straße-Kommen, zu einem spannenden Projekt. Es wurde die Idee des ausrollbaren Zebrastreifens geboren und dann tatsächlich umgesetzt. Sein Einsatz verursachte zunächst viel Aufregung und Zündstoff – bis hin zu einer Verwarnung des Lehrers –, um schließlich nach einem halben Jahr einen Ampelübergang zu bringen.

In der Nachbetrachtung meinte der Lehrer, dass die Zukunftswerkstatt überwiegend positive Effekte gezeitigt hätte, vor allem: zur Abrundung des Themas, als Vertiefung und Kontrolle des behandelten Stoffes, als Chance für Politisierung und Demokratisierung und nicht zuletzt wegen der regen Beteiligung und Lebendigkeit.

Zum Möglichkeitsspektrum: Lernen mit Folgen

Die Werkstattmethode kann vielfältig ins Vermitteln, Unterrichten und Lehren einbezogen werden. Sie hilft, den Unterricht zu einem Thema nach den Interessen der Schüler/innen auszurichten. Was geschieht, ist eigenverantwortliches Positionbeziehen, ist die Auseinandersetzung mit neuartigen Sichten, ist der Anstoß zu Bewegung, zum Tätigwerden. Für den »Lehr-Lernbetrieb« sind es vornehmlich drei Anwendungsmuster, durch die »Aufbruchsituationen« geschaffen werden können und die sich je nach Kombination mit anderen Lehr- und Lernformen fast beliebig ausbauen lassen:

Zukunftswerkstätten zur

5. *Vorbereitung* bzw. Entwicklung einer Thematik,
6. *Vertiefung* bzw. Ausleuchtung von Erarbeitetem,
7. *Weiterführung* bzw. Erkundung von Chancen.

Ob zur Vorbereitung, Vertiefung oder Weiterführung von Themen, Ansätzen, Programmen die Werkstattmethode eignet sich vor allem zu einem »Lernen mit Folgen«. Wie das Kalenderbeispiel zeigt, geht es in einer Zukunftswerkstatt nicht nur um das Lernen, ein Projekt zu entwerfen, sondern hinzukommt das Lernen, wie das Entworfene umzusetzen ist. Dazu bietet sich die Projektarbeit an. Projektorientiertes Lernen im Verbund mit Zukunftswerkstätten begünstigt, dass sich Schüler/innen über Zusammenhänge klar werden, in denen sich Leben und Schule abspielen. Außerdem unterstützt es, dass brachliegende Fähigkeiten und Fertigkeiten wieder belebt werden.

Beispielsweise sind das die Fähigkeiten,

- eigenverantwortlich tätig zu werden – Untersuchung eines selbstgewählten Gegenstandes mit persönlicher Meinungsbildung;
- hartnäckig und kritisch zu fragen – Prüfung von Hintergründen, nichts als gegeben hinnehmen;

- selbstbewußt aufzutreten – sich Diskussionen stellen, die eigene Meinung zum Erarbeiteten vertreten;
- Kreativität zu entwickeln – sich spannende Formen der Vermittlung ausdenken, um andere tatsächlich zu erreichen.

Mit dem problem- bzw. interessenorientierten, werkstattartigen Herangehen an gesellschaftliche, politische, berufliche, fachliche, technische, wissenschaftliche Aufgabenstellungen entsteht eine neue Form des Lernens, eines Lernens ohne wohlmeinende »Bevormundung«, das kaum noch als solches empfunden wird, das vorwiegend auf der jeweiligen Erlebnis- und Erfahrungssituation fußt und sich seine Lerninhalte selbst sucht. Erprobt wird ein weitgehend offenes Lernen und Lehren, ein Ausrichten des Lernens auf die realen Interessen.

Entscheidend ist das andere Lernklima. Die Beziehungen zwischen Lehrenden und Lernenden gestalten sich »partnerschaftlich«. Autoritätsgläubigkeit verwandelt sich in zweckdienliche Beratungstätigkeiten. Wissensaneignung geschieht, um praktisch voranzukommen, aus Notwendigkeit und nicht aus Lehrplanvorgaben. Durch das Arbeiten in Groß- und Kleingruppen schwindet die Scheu vor fantastischen und utopischen Ideen. Gegenseitige Toleranz und Achtung des anderen nehmen zu. Insgesamt wachsen allmählich Lernorte und Lernwelten heran, in denen sowohl Bedürfnisse und Interessen als auch Freude und Spielerisches Platz haben.

Zukunftswerkstätten helfen sicherlich, das Unterrichten zu bereichern, aber sie verlangen auch das Sich-Einbringen und -Bewegen. Vorgefertigtes hat hier wenig Chancen, denn Sachkunde ist an den Bedarf im Prozess gebunden. Das bedeutet, Benötigtes »situativ« zur Verfügung zu stellen. Zählt in der eigentlichen Zukunftswerkstatt der individuelle Erfahrungsschatz im Zusammenspiel mit allen Teilnehmenden, so zählt bei der Umsetzung von Projektentwürfen, wie notwendiges Wissen spannend eingebracht wird. Gewissermaßen bildet die Werkstatt die Plattform, während das Weiter, die Verwirklichung des Erfundenen die Bausteine sind. Und beim Bauen ist die Lehrerin, ist der Lehrer gefordert, dass die entstandene Motivation der Schüler/innen genutzt wird, um den »Lernstoff« zu vermitteln.

Es handelt sich um ein ganzes Ensemble an Lernformen, die sich in Zukunftswerkstätten mehr oder weniger stark herausbilden und damit eine neue Qualität des Lernens eröffnen:

Das »Lernen mit Folgen«, zu dem vornehmlich gehören:

- *Selbstverantwortliches Lernen:* Eigeninitiative und Selbstverantwortung geben den Ton an. Wann, was und wie gelernt wird, entscheiden die Lernenden selbst.
- *Projektorientiertes Lernen:* Lernen, in dem Moment, in dem es gebraucht wird. Dieses Lernen richtet sich nach den realen *Erfordernissen*, es sucht den direkten Zugang zum Lernobjekt, es lebt aus dem Mut des Weglassens.
- *Informiertes Lernen:* Lernen, mit Informationen zielgerichtet und selektiv umzugehen, das Informationsangebot zu bewältigen und das Benötigte herauszufiltern.

- *Angstfreies Lernen:* Lernen ohne Druck, aus eigenem Antrieb, nach den persönlichen Möglichkeiten, aus »innerem« Antrieb, um die Welt zu begreifen und zu gestalten.
- *Spielerisches Lernen:* Lernen, das Lachen, Spaß und Bewegung kennt, das überhaupt nicht mehr als solches empfunden wird, das durch Sich-Engagieren und Mitmachen geschieht, das sich im Austausch mit anderen frei entfaltet.
- *Sinnliches Lernen:* Lernen, das alle Sinne einbezieht, das ein Gleichgewicht zwischen Kopf, Hand und Herz anstrebt, das Wahrhaftigkeit in den Mittelpunkt rückt.

Sich abzeichnende Lerntrends

Werden die Bestimmungsfaktoren des neuen Lernens zusammengenommen, dann ergibt sich ganzheitliches Lernen, mit dem seit langem in Reformschulen experimentiert wird, das jetzt langsam über sie hinausgreift. Was in Ausnahmesituationen mit Auflagen zugestanden wurde, soll allgemein werden, soll den Weg zu neuen Lernwelten ebnen. Die Arbeit mit Zukunftswerkstätten spielt hier die Rolle des Türöffners, indem sie aufzeigen, dass es auch anders geht – und dazu auch noch angenehm, bedürfnisgerecht und erfolgreich.

Bedeutsam ist, dass nicht länger die Lehrpersonen am wichtigsten sind, sondern die »Lernenden« mit ihren Vorstellungen. Nicht länger zählt der feste Lehrstoff, sondern das Interesse bestimmt darüber. Nicht länger geht es um nur individuelle Leistungen, sondern zunehmend um gemeinsames Aneignen von Kenntnissen und Fertigkeiten.

Damit spreche ich die neuen Lerntrends an, die sich auszuformen beginnen, vor allem jenseits des weiterhin stark reglementierten Schulunterrichts. Beispielsweise bei Projektstudiengängen, Teamkonzepten, gruppenzentrierten Zusatzausbildungen, langfristigen Fort- und Weiterbildungsmaßnahmen werden die neuen Chancen genutzt, die in der »Befreiung« von oft wenig ansprechenden und überholten Lernstoffen liegen. Es sind die flexiblen und interessenbezogenen Eigenschaften des selbstverantworteten, projektorientierten, informierten, angstfreien, spielerischen, sinnlichen Lehrens und Lernens, das fasziniert und Menschen »bewegt«.

Wohin Lernen mit Zukunft zielt, deutet sich seit Jahren in vielen Zukunftswerkstätten an:

1. *Lernen entwickelt sich zu einer »Dauerbeschäftigung«.* Nicht länger lässt sich Lernen auf Schule und Ausbildung beschränken. In einem sich immer schneller verändernden gesellschaftlichen und beruflichen Umfeld wird stetiges Dazulernen überlebensnotwendig: zu einem Lebensprinzip, das den gesamten Alltag positiv beeinflusst.
2. *Lernen in Gruppen findet wachsenden Zuspruch.* Soziales Lernen, das mit anderen zusammen – auch jahrgangsübergreifend – geschieht, stellt das System der Leis-

tungsbewertung infrage. Schule ohne Noten, Schülerselbstbeurteilung und Lerngruppen sind Vorboten eines eigenverantworteten, sozialen Lernprozesses, in dem zeitweise Lehrer/innen bzw. Ausbilder/innen entbehrlich werden.

3. *Lehrpersonen verlieren beim Lernen ihre dominante Rolle.* Nicht die Wissensvermittlung und -überprüfung durch Lehrpersonen steht im Vordergrund, sondern der mitlernende Lehrer oder Moderator ist gefragt. Die Hauptaufgabe liegt darin, die verborgenen »Fähigkeiten- und Wissensschätze« der anvertrauten »Schützlinge« nicht nur zu heben, sondern ihnen auch zur weiteren Vervollständigung zu verhelfen.
4. *Lernen ist nicht unbedingt an feste Orte gebunden.* Offenes Lernen verlangt nach variablen »Lernorten«, nach Lernorten, die sich durch Praxisnähe, Erfahrungsmöglichkeiten und Experimentiergelegenheiten auszeichnen. Die räumlichen Einengungen verwischen sich – wo immer Menschen sind, kann gelernt, erlebt und gelehrt werden, d.h.: Die »Lernenden« melden Ansprüche nach Wunsch-Lernorten an.
5. *Methoden des Lernens sind vielfältig und ohne Begrenzungen.* Die Vielfalt an Lernformen und -methoden erfordert an sich schon eine neue Art des Unterrichtens und Ausbildens. Stoffvermittlung und -verarbeitung, Pausen und Abschalten sowie Praxisorientierung wechseln einander ab; neue Lernmethoden wie genetisches Lernen, individualisierter Unterricht, Metakognition, NLP, Suggestopädie und verschiedene Visualisierungs- und Moderationstechniken sind kontextbezogen einzusetzen.

Wer sich aufmerksam umschaut, der merkt, dass der Aufbruch zu einem derart zukunftsträchtigen Lernen in vollem Gange ist, bei dem viele der skizzierten Lerneigenschaften und -trends bereits erprobt werden. Dieses neue, ganzheitliche Lernen nutzt die Kräfte, die einzelne durch die Persönlichkeit und ihr Vermögen mitbringen, indem sie helfen, den Gruppenkonsens zu entfalten, indem sie die Lehrpersonen fordern, indem sie auf Lehr- und Lernmethoden drängen, die »beflügeln« und Engagement hervorrufen.

Leider bewegt sich in den Schulen erst langsam etwas in Richtung Umdenken und Umschwenken, aber auch hier setzen Lehrer/innen wenigstens probeweise – oft gegen große Widerstände – Konzepte wie Teamteaching, fächerübergreifende Projektarbeit oder das Arbeiten mit Zukunftswerkstätten durch. Und es ist gerade das Modell der Zukunftswerkstatt, das in den herkömmlichen Strukturen mit ein wenig Hartnäckigkeit Platz findet und nicht selten wie ein »trojanisches Pferd« wirkt, nämlich nach mehr verlangt: an Frische, Aktivitäten und Kontinuität.

Zukunftswerkstätten erlauben also, den ganz anderen, offenen Lernstil zu erproben und einzuüben. Sie schaffen nicht nur einen »idealen« Lernzusammenhalt in Gruppen, sondern sie verkörpern zugleich den »idealen« Lernzusammenhalt in Gruppen, sondern sie verkörpern zugleich den »idealen« Lernort. Was im Werkstattgeschehen erfahren und »gelernt« wird, strahlt direkt und indirekt auf viele Tätigkeiten aus. Ein Zurück zu herkömmlichen, beengenden Methoden fällt schwer – oder wird sogar unmöglich, denn soziale, selbstverantwortetes Lernen entfaltet Eigendynamik: Das auf den Kopf gestellte Lernen zeigt eine Schul- und Ausbildungswelt mit Zukunft, eine Lern- und Lehrwelt, die Abschied nimmt vom »Frontalen« und sich hinentwickelt zum »Gemeinschaftlichen«.

Entsprechend der weit gefächerten Interessenslage haben sich verschiedene Typen von Zukunftswerkstätten herausgebildet. Die wichtigsten stellen wir in einer Übersicht zusammen – und zwar nach Häufigkeit ihres Gebrauchs geordnet.

Werkstatttyp	**Personenkreis**	**Anwendungen, beispielhaft**
Problemdurchdringung	Kirchen, Gewerkschaften, Parteien usw.	Gegenvorstellungen und Vorschläge entwickeln, Projekte voranbringen, Hilfen und Aktivitäten anbieten.
Problemlösungshilfe	Bürgerinitiativen, Mietergruppen, Arbeitslose, Betriebe usw.	Programme, Pläne, Konzepte entwickeln; Themen besetzen wie Ökologie, kommunale Fragen, Friedensaktionen.
Problemsensibilisierung	Schulklassen, Volkshochschulkurse, Berufsgruppen usw.	Aktuelle Themen aufgreifen wie Solidarität mit den Schwachen der Gesellschaft, Gewalt in der Gesellschaft, Sicherung des Friedens.
Problemberatung	Arbeitsgruppen, Institute, Kollegien usw.	Routine überwinden, Zusammenarbeit fördern, Strukturen aufbrechen, Perspektiven finden.
Problemanriss	Tagungen, Seminare, Mitgliederversammlungen usw.	Schnelles Hineinfinden in eine Thematik, ein Anliegen, eine Fragestellung als Diskussionseinstieg.
Problemlösungssuche, persönlich	Familien, Einzelpersonen, Therapiegruppen usw.	Ängste im persönlichen Bereich abbauen, Beziehungsprobleme angehen, Selbstbewusstsein stärken.

Zum Überblick fassen wir die Geschichte der Problemlösungsmethode »Zukunftswerkstatt« in einer Zeitleiste zusammen:

1950	Vom Schreiben zum Handeln Vertrauen auf die Fähigkeiten des Einzelnen in Gruppen
1960	**Grundlegung** Demokratie von unten Sozialengagierte Zukunftsforschung Moderations- und Kreativitätsmethoden Gesellschaftliche Politisierung
1970	**Ausformung** Brennende Probleme Betroffenenwerkstätten Interesse von Initiativen, Gruppen, Einrichtungen Von fünf zu drei Phasen Anfänge von Dokumentationen Politischer Anspruch
1980	**Verbreitung** Anerkennung als Problemlösungsmethode Interesse von Bildungs- und Ausbildungsbereichen, Parteien und Gewerkschaften Forschungsprojekt mit 28 Werkstätten Moderationsausbildungen Abnehmender politischer Anspruch
1990	**Etablierung** Großer Bekanntheitsgrad Einsatz für Studien, Programme, Planungen Wissenschaftliche Arbeiten/Diplomarbeiten Interesse aus allen Bereichen, von Kirche bis Unternehmen Professionalisierung Geringer politischer Anspruch

In Zukunftswerkstätten wird durch das frühe Aufstellen von Regeln in Form von Achtungszeichen und das Sich-darauf-Einigen der Gruppenprozess von vornherein gesteuert. Das »norming« wird vorweggenommen, sodass das »storming« kaum eine Angriffsfläche erhält und das »performing« schon mit dem Beginn der Fantasiephase effektiv wird und zur vollen Entfaltung in der Verwirklichungsphase kommt. Nachfolgende Grafik verdeutlicht idealtypisch für die Phasen der Zukunftswerkstatt die Entwicklung der Gesamtgruppe.

Abschließend sei darauf verwiesen, dass seit Mitte der 90er-Jahre zwei Ansätze der Großgruppenmoderation im deutschsprachigen Raum rezipiert werden, die auch Elemente der Zukunftswerkstätten aufnehmen. Es sind dies die in den USA entwickelten Konzepte der »open-space-technology« (vgl. Petri 1996) und die »Zukunftskonferenzen« (vgl. Weisbord 1996). Im Zentrum beider Konzepte steht der Grundgedanke, dass das »ganze System«, soll heißen: alle Schlüsselpersonen in einem Raum versammelt werden und mittels Moderatoren miteinander arbeiten.

Literatur

Jungk, R./Müllert, N.R.: Zukunftswerkstätten – Mit Fantasie gegen Routine und Resignation, München 1995

Kuhnt, B./Müllert, N.R.: Moderationsfibel – Zukunftswerkstätten verstehen, anleiten, einsetzen, Münster 2000 (3. Auflage)

Petri, K. Let's meet in open space. Die Story von Kaffeepausen, chaotischen Attraktoren und Organisationstransformation. In: Organisationsentwicklung, Heft 2, 1996, S. 56–64

Weisbord, M.: Zukunftskonferenzen: Methode und Dynamik. In: Organisationsentwicklung, Heft 1, 1996, S. 4–13

Michael Schratz / Ulrike Löffler-Anzböck

Fotoevaluation als Chance

Zur Beteiligung von Schüler/innen an Schulentwicklung

Schulwelten ins Bild bringen

Wir hegen seit langem einen schrecklichen Verdacht, der sich immer mehr erhärtet: Nachhaltige Veränderungen im System Schule zu Wege zu bringen, ist deshalb so schwierig, weil uns die Schul-Welt so vertraut, ja all zu vertraut ist; jede/r »weiß« doch, was Schule ausmacht, wovon sie geprägt ist, was für sie typisch ist und was sie, um mit Goethe zu sprechen, in ihrem Innersten zusammenhält, oder? Nun könnte man meinen, eben diese intime, unter den Betroffenen weit verbreitete Kenntnis müsse es doch leicht machen, einerseits die vorhandenen Stärken der Institution ins rechte Licht zu rücken und andererseits die wohl bekannten Mängel in den Griff zu bekommen, kurz, die Schule auf diese Weise fit für ihre große Zukunftsaufgabe zu machen. Doch leider übersieht, wer so optimistische Schlüsse zieht, ein kleines Detail: die »wohl bekannte« Welt der Schule, die jede/r von uns im Kopf mit sich herumträgt, ist in jedem Kopf eine andere Welt! Und besonders krasse Unterschiede in den Bildern von Schulwirklichkeit finden sich fatalerweise in den Köpfen der beiden zahlenmäßig größten Gruppen, der der Lehrer/innen und der der Schüler/innen, die mit ihren je unterschiedlichen »Weltbildern« im Brennpunkt des Geschehens aufeinander treffen, beim Unterricht.

Das sind gewiss keine neuen Erkenntnisse, aber indem die aus ihnen zu ziehenden Konsequenzen in der Praxis vielerorts noch immer nicht gezogen worden sind, behalten sie ihre Relevanz: Das Schul-Weltbild der Schüler/innen, insbesondere wo es vom Lehrer/innenbild abweicht, ist im Schulalltag nicht nur nicht bedeutsam, sondern vieles davon ist sogar verpönt und sollte besser verborgen bleiben, will man keine Sanktionen riskieren (oder wissen Sie vom Hörensagen, dass Lehrpersonen heiter und gelassen zustimmen, wenn Schüler/innen etwa fordern, das Musikhör- und Essverbot im Unterricht aufzuheben?). Dass es seit Jahrzehnten praktisch dieselben Situationen und Rahmenbedingungen sind, die von Schüler/innen quälend und beengend empfunden werden, dies lässt solche Negativurteile von Schüler/innen über »die Schule« für Insider vielleicht banal und unoriginell erscheinen, für diejenigen, die unter der konkreten Situation hier und jetzt leiden, sind sie weder banal noch zu wenig originell. Wenn Sechsjährige sich stundenlang danach sehnen, endlich – endlich (!) im winzig kleinen asphaltierten Schulhof herumtoben zu dürfen, geht es um ihr persönliches Wohl- oder Unwohlsein; dass viele Schülergenerationen vor ihnen Ähnliches empfunden haben, tröstet da nur wenig.

Als ein ganz bewusster Schritt in Richtung Ernstnehmen dieser Schüler/innenwelt versteht sich die Methode der Fotoevaluation, die wir hier vorstellen wollen. Im Ernstnehmen inbegriffen ist der Versuch, der Schüler/innenperspektive auch den ihr zustehenden Stellenwert bei der Evaluation der Schule zu geben. Die von uns hierzu vorgeschlagene Fotoevaluation hat den großen Vorteil, dass das Bild und nicht die Sprache primärer Informationsträger ist. Damit können auch jene Schüler/innen sich machtvoll ausdrücken, die sich des Mediums Sprache (noch) nicht so gewandt bedienen können. Werden Schüler/innen dagegen mit der am häufigsten angewandten Evaluationsmethode, dem Fragebogen, zu einem bestimmten Aspekt von Schule befragt (etwa zum Schulklima), dann können sie nur mehr innerhalb der vorgegebenen logischen Strukturen des (von Erwachsenen ausgearbeiteten, »erwachsen« formulierten) Fragebogens antworten, vieles von dem, was ihnen wichtig ist, fällt dabei unter den Teppich. Die Situation entspricht der alten Organisationsentwicklerweisheit »Wer fragt, der führt«. Das gilt selbst dann, wenn der Fragebogen das Item *Was ich noch sagen wollte* enthält, denn unserer Erfahrung nach *wollen* Schüler/innen eben in einen solchen Fragebogen vieles gar nicht schreiben. Warum? Nicht weil es für sie nicht wichtig wäre, sondern weil sie nicht auf die Idee kommen, »das« sei nun gefragt bzw. weil sie schon ihre Erfahrungen gemacht haben, was geschieht, wenn sie ihre Sicht der Dinge frei aussprechen. Anders ausgedrückt: wehe dem Schüler, der Schülerin, der bzw. die zur »falschen Zeit« emotional statt rational reagiert oder die Schüler/innenlogik über die (herrschende) Schul-Logik stellt.

Übrigens, damit kein Missverständnis aufkommt: Auch Lehrpersonen ist dem Vernehmen nach solch ein »Fauxpas« schon passiert, Eltern erst recht, doch können sich diese Gruppen zumeist besser mit den Gegebenheiten arrangieren und die traditionellen Kommunikationswege besser für sich nützen. Deshalb wenden wir uns jetzt ganz der Schul-Welt der Schüler/innen zu und einer Möglichkeit, in sie Einblick zu gewinnen, der Fotoevaluation.

Die Fotoevaluation als Methode

Die Aufgabe der Schüler/innen, besser gesagt, der Auftrag an die einzelne Gruppe, lautet in ihrer Grundform: »Fotografiere jene Orte/Räume in der Schule bzw. auf dem Schulgelände, wo du dich wohl fühlst, und jene, wo du dich nicht wohl fühlst, und erkläre die Gründe für deine Wahl.« Wie soll dieser Auftrag im Detail formuliert und abgewickelt werden?

Wir empfehlen folgenden vielfach erprobten Ablauf, den wir seit den ersten Versuchen (vgl. Schratz/Steiner-Löffler 1994) kontinuierlich auch im internationalen Kontext weiterentwickelt haben (vgl. Schratz/Steiner-Löffler 1998a).

Abbildung 1: »Ob da wohl gerade ein Foto entsteht, das einen Ort zum Wohlfühlen zeigt? – Grundschüler/innen sind den Anforderungen einer Fotoevaluation spielend gewachsen!«

Ablaufphasen

1. Bildung von Gruppen (zwischen drei und fünf Schüler/innen pro Gruppe).
2. Einigung über (3–5) Plus- und Minusorte (+ = Orte, an denen sich die Gruppenmitglieder in der Schule wohl fühlen, – = Orte, an denen sie sich nicht wohl fühlen).
3. Planen, in welcher Reihenfolge diese Orte fotografiert werden sollen und welches Arrangement die beabsichtigte Aussage am besten verdeutlicht (*nur* die Örtlichkeit oder auch *Personen* im Bild festhalten?).

4 a Fotografieren (ca. zehn Fotos, zwanzig Minuten Zeit pro Gruppe); vorher aushandeln, wer was fotografiert und wer posiert.

4 b Anfertigung einer exakten Liste mit den aufgenommenen Motiven (zur Zuordnung der Fotos zu den Teams nach dem Entwickeln der Filme. Entfällt bei Verwendung von Polaroid-Kamera.)

5. Herstellen von Plakaten, auf denen die Fotos mit Plus-Motiven denen mit Minus-Motiven gegenübergestellt und von der Gruppe schriftlich kommentiert werden.
6. Präsentation der Plakate vor der Klasse und Argumentation der gewählten Motive als Einstieg in die Diskussion über die Situation.
7. Gemeinsame Auswertung des Projekts.

Die Anwendbarkeit der Fotoevaluation praktisch im gesamten Schul- und Hochschulbereich ist in unseren Augen einer ihrer großen Vorteile; auf Grund unserer Erfahrungen ergeben sich allerdings in den verschiedenen Altersstufen quasi automatisch unterschiedliche Schwerpunktsetzungen (vgl. Abschnitt 4, Differenzierung nach Altersstufen).

Bleibt noch die Frage, in welcher Form die Fotoevaluation stattfinden kann, in welche Schublade des schulischen Geschehens sie eingeordnet werden kann: nun, entweder als »ganz normales« Unterrichtsprojekt (z.B. im Fach Sachkunde, Deutsch oder Sozialkunde oder auch Kunsterziehung) oder aber als Teil einer größer angelegten Schulentwicklungsaktivität (z.B. Bestandsaufnahme Schulklima im Rahmen einer Selbstevaluation, zusätzlich zu einer Fragebogenaktivität). Im Pilotprojekt zur Evaluation der Qualität von Schule und Unterricht der EU wurde die Fotoevaluation zur Evaluation des Bereichs *Schule als sozialer Ort* angeboten, wofür folgende Aspekte bedeutsam waren (aus MacBeath u.a. 1999, 6–86):

- Die Schüler sind nicht mit einem vorgefertigten Instrument konfrontiert, das ihnen eine Meinungsäußerung abverlangt, sie haben vielmehr die Chance, die Kultur ihrer Schule mittels eigener Bilder zu erforschen.
- Dadurch dass man sich die Macht der visuellen Darstellung zu Nutze macht, werden die sprachlichen Schranken durchbrochen.
- Es werden Bilder, Wörter und Zahlen beim Prozess des Datensammelns kombiniert, die Informationen werden systemrelevant, und durch kooperative Aktion wird eine Praxisgemeinschaft hergestellt (cf. 6.2).
- Die Evaluation befasst sich mit unterschiedlichen Schichten der Realität (z. B. der »weichen« Realität der Wörter von Schülern und Lehrern, der »harten« Realität des materiellen Umfelds, der durch die fotografische »Intervention« erzeugten Realität).
- Es werden die banalen Gedankenlosigkeiten des täglichen Schulbetriebs und die emotionalen Bedürfnisse der Schüler erfasst.
- Durch fotografisches Beweismaterial können die Schüler »harte« Tatsachen zur Untermauerung ihrer Ansichten liefern, mit denen sich dann die Erwachsenenwelt befassen muss.

Während der Abschlusskonferenz wurde von den Teilnehmer/innen während eines Workshops zu den Erfahrungen mit der Fotoevaluation u.a. Fogendes resümiert:

Die Ergebnisse waren ein Indikator
- dafür, ob sich die Schüler an ihrer Schule wohl fühlen;
- für die Qualität der Kommunikation zwischen Schülern einer Klasse, zwischen Schülern und Lehrern und zwischen diesen beiden Gruppen und dem Rest der Schulgemeinschaft, einschließlich Eltern und dem »einschlägigen Umfeld«;
- für den Grad der Demokratie an der Schule;

- für die Akzeptanz einer »neuen Kultur der Neugier und des Lernens« unter den Lehrkräften;
- für die baulichen Bedingungen der Schule.

In Finnland wurden sowohl Videoaufnahmen als auch Fotos verwendet, um die Beobachtung und Tagesberichte zu ergänzen; dies wurde von Empfehlungen begleitet, was getan werden könnte, um das Schulethos zu verbessern. In einer dänischen Schule wurde das Konzept Fotoevaluation erweitert, sodass jüngere Schüler als Ausgangspunkt für ein Gespräch oder eine Befragung ein Bild malen konnten. Im dänischen Länderbericht werden die Vorteile der Fotoevaluation wie folgt bewertet: »Die Foto-Evaluation stellt eine Möglichkeit dar, einige der grundlegenden sozialen Normen an der Schule zum Ausdruck zu bringen, was als Grundlage für einen offenen und konstruktiven Dialog dienen kann, in dem auch die beteiligten Parteien genannt werden. Diese Methode ist auch gut für die elektronischen Medien geeignet, und die Bilder können einem internationalen Publikum z.B. mit Untertiteln im Internet gezeigt werden.«

Ein Gymnasium in Wien unternahm den Versuch, die qualitativen Aspekte dieses Instruments mit quantitativen Daten zu verknüpfen (siehe Abbildung).

Tabelle 1: Evaluation (Fotoevaluation): Schule als Arbeitsplatz/ 14 Gruppen zu je 3 SchülerInnen (1998/BRG wien 19)

Positive Nennungen		1	2	3	4	5	6	7	8	9	10	11	12	13	14
Bibliothek	10	+	+	+	+	+	+	+	+	+	+				
Hof/Sportplatz	10	+	+	+	+	+	+	+	+	+	+				
Buffet	8	+	+	+	+	+	+	+	+						
Turnsaal	8	+	+	+	+	+	+	+	+						
Klassenzimmer	3	+	+	+											
Biologiesaal	2	+	+												
EDV-Saal	2	+	+												
Spint	2	+	+												
Chemiesaal	1	+													
Gänge	1	+													
Gang v. Konferenzzimmer	1	+													
Kletterwandklasse	1	+													
Konferenzzimmer	1	+													
Lift	1	+													
Musiksaal (gr.)	1	+													
Werkraum (techn.)	1	+													
Gesamt	53														

Tabelle 2: Evaluation (Fotoevaluation): Schule als Arbeitsplatz/ 14 Gruppen zu je 3 SchülerInnen (1998/BRG wien 19)

Negative Nennungen		**1**	**2**	**3**	**4**	**5**	**6**	**7**	**8**	**9**	**10**	**11**	**12**	**13**	**14**
Toiletten	7	–	–	–	–	–	–	–							
Musiksaal (gr.)	5	–	–	–	–	–									
Physiksaal	4	–	–	–	–	–									
Gänge	3	–	–	–											
Arztraum	2	–	–												
Buffet	2	–	–												
Hof/Sportplatz	2	–	–												
Kopierer (-standort)	2	–	–												
Lift	2	–	–												
Musiksaal (kl.)	2	–	–												
Raucherhof	2	–	–												
Telefon	2	–	–												
Werkraum (text.)	2	–	–												
Bibliothek	1	–													
Chemiesaal	1	–													
EDV-Saal	1	–													
Eingangsbereich	1	–													
Klassenzimmer	1	–													
Schülertische	1	–													
Schulwartraum	1	–													
Speisezimmer	1	–													
Stiegenhaus (Hof)	1	–													
Stiegenhaus (links)	1	–													
Teilungsraum	1	–													
Turngarderobe	1	–													
Turnsaal	1	–													
Werkraum (techn.)	1	–													
Gesamt	53														

Welche Form auch gewählt wird, die vorhandene Schulkultur kann die Durchführung erleichtern oder erschweren, je nachdem, welcher Kommunikationsstil zwischen Lehrenden und Lernenden herrscht. Aber das Projekt nimmt selbst auch Einfluss auf diese Strukturen: wenn es erfolgreich abgeschlossen ist, haben die Beteiligten oft eine neue, ehrlichere Art von Kommunikation über Schule erlebt; falls sich in der Fotoevaluation konkrete Änderungswünsche herauskristallisieren (siehe letzter Punkt der Ablaufsbeschreibung), fängt die Hauptarbeit jetzt erst an. Doch die neu erfahrene Qualität des Miteinanderredens birgt für Schüler/innen und Lehrer/innen vielleicht auch neue Chancen auf eine bessere Zusammenarbeit, denn die wichtigste Voraussetzung für gute Kooperation ist nach Deissler (1997) die Qualität der ihr zu Grunde liegenden Kommunikation (vgl. dazu unsere sieben Axiome der Lernenden Schule [Schratz/Steiner-Löffler 1998b]), insbesondere das 6. Axiom: »Die Qualität der Lernenden Schule ist abhängig von der Qualität der Kooperation ihrer Mitglieder, diese wiederum von der Qualität der Kommunikationsprozesse zwischen ihnen.«.

Abbildung 2: Schüler/innen werten die Ergebnisse der Fotoevaluation aus

Doch nun ein Überblick über die typischen »Primär«-Ergebnisse von Fotoevaluationen:

Trends, die sich aus den bisherigen Ergebnissen ablesen lassen

Nach vorsichtiger Schätzung sind bisher etwa 50 Fotoevaluationen nach dieser Vorlage durchgeführt worden, in mehr als zehn europäischen Ländern und ganz unterschiedlichen Schultypen, eine Reihe davon unter unserer persönlichen Leitung, viele von ihnen sind auch dokumentiert und wissenschaftlich interessante Resultate an uns weitergeleitet worden. Wir können also mittlerweile auf eine breite Datenbasis zurückgreifen; was uns immer wieder verblüfft, ist die Regelmäßigkeit, mit der sich bestimmte Themen und Aussagen wiederholen, in der 2. Grundschule wie in der Sekundarstufe II, im großstädtischen Gymnasium wie an der ländlichen Hauptschule, in Österreich wie u.a. in Deutschland (vgl. Kindervater/Güpner/Kosse 1998), Belgien, Dänemark, Griechenland und Irland (vgl. MacBeath u.a. 1999). Wir fassen die fünf unserer Meinung nach wichtigsten Trends, die sich aus den Resultaten der Fotoevaluation ablesen lassen, im Folgenden zusammen:

Trend 1: »Hier fehlt doch was«

Es werden anhand der »Minusorte« konkrete Wünsche artikuliert, nach einem Büfett, nach Cola-Automaten etc. Zum Beispiel wird ein leerer Gang als Minusort fotografiert, Begleittext: »denn dort fehlt ein Büfett«.

Trend 2: Räume stehen für Aktivitäten, Personen …

Räume und Personen, Räume und Aktivitäten, Räume und Tageszeiten sind oft stark emotional verknüpft, was kaum von den Lehrer/innen wahrgenommen wird. Zum Beispiel drücken die Schüler/innen in der warmen Jahreszeit ihr dringendes Bedürfnis nach »Unterricht im Freien« bei schönem Wetter durch Fotografieren eines Klassenraumes als Minusort aus, weil der Unterricht dort das Genießen des schönen Wetters im Freien unmöglich macht. Dafür hört man aus den begeisterten Kommentaren, die Fotos vom Schulhof oft beigegeben werden, das vielstimmige Jauchzen heraus, das gewöhnlich das doppelte Klingelzeichen oder ein anderes Zeichen (bedeutet: Hofpause) begleitet. Eine weitere Variante: Hass auf eine Lehrperson, etwa den Werklehrer (in Österreich heißt Arbeitslehre oder Technik »Technisches Werken«), bewirkt ein Minus für den Werksaal – wie oft wird eine solche ablehnende Haltung wohl statt durch das Herstellen eines »Minus-Fotos« durch Vandalismusakte (die Bänke im Werksaal massakrieren usw.) ausgedrückt …

Das vierte Beispiel, das WC, ist für uns besonders bedeutsam (siehe auch Trend 4), schon allein quantitativ, denn es ist von allen Orten der meistgenannte Ort; hier gilt uneingeschränkt das Recht des Stärkeren, insbesondere vertreiben oder drangsalieren die Großen, die dort rauchen wollen, oft die Kleinen. Dass die Toiletten in Schülerevaluationen durchaus auch Pluspunkte kassieren, wird in anderem Zusammenhang noch dargestellt (siehe Trend 5!).

Trend 3: Auch der lernende Mensch besteht nicht nur aus Kopf

Vorliebe für Räume, in denen nicht (nur) mit dem Kopf gearbeitet wird, z.B. Turnsaal, oder in denen Pausen verbracht werden, z.B. Höfe, Garten etc. – die Vorliebe der Schüler/innen für diese »nicht verkopften Räume« ist ein altbekanntes Phänomen, dessen emotionale Dynamik von den Lehrenden im Schulalltag nur allzu oft vergessen wird, weil all das ja so selbstverständlich ist.

Trend 4: Hin zu »Antiräumen«

Besonders auffallend ist die sich durch alle Ergebnisse durchziehende Vorliebe für »Antiräume«, seien es winzige Lichthöfe voller Taubenkot, Dachbodenaufgänge oder Toiletten, seien es Ausgänge, weil sie Schlupflöcher bieten, um der allgegenwärtigen Aufsicht zu entkommen (siehe Foto, aufgenommen und kommentiert von Schüler/innen der Klasse 6, der Begleittext lässt an Deutlichkeit nichts zu wünschen übrig!).

Abbildung 3: »Wir haben den Ausgang gewählt, weil sich dahinter die Freiheit verbirgt.«

Trend 5: Das Gute im Schlechten, das Schlechte im Guten

Ein interessanter Trend sei zum Schluss erwähnt, die oft benannte Ambivalenz von Räumen (z.B. die Direktion als Raum zum Relaxen, zugleich als Ort, vor dem man sich fürchtet, weil dort die Strafen ausgeheckt werden).

Abbildung 4: »Direktion – ein Raum zum Relaxen«

Diese Vieldeutigkeit oder besser Un-eindeutigkeit von Orten wird normalerweise nicht thematisiert, obwohl gerade dies im systemischen Sinn ein fruchtbares Lernfeld wäre, Schritt weg von einem Richtig/Falsch-Denken als der Leitdifferenz des traditionellen Schulsystems.

Differenzierung und Weiterentwicklung

Ein weiterer bedeutsamer Aspekt der Evaluationsergebnisse ist deren bloß relative Altersabhängigkeit. Das Alter der Evaluierenden nimmt natürlich Einfluss auf die Ergebnisse, wenn auch vielleicht nicht so stark, wie man annehmen könnte (vieles bleibt quer durch die Jahre und Jahrzehnte gleich, etwa die Ablehnung von Lernorten mit extrem kopflastigem »Image«), und diese altersspezifischen Aspekte sind gerade wegen der universellen Einsetzbarkeit der Fotoevaluation vom Grundschulalter bis zur Erwachsenenbildung interessant zu beobachten:

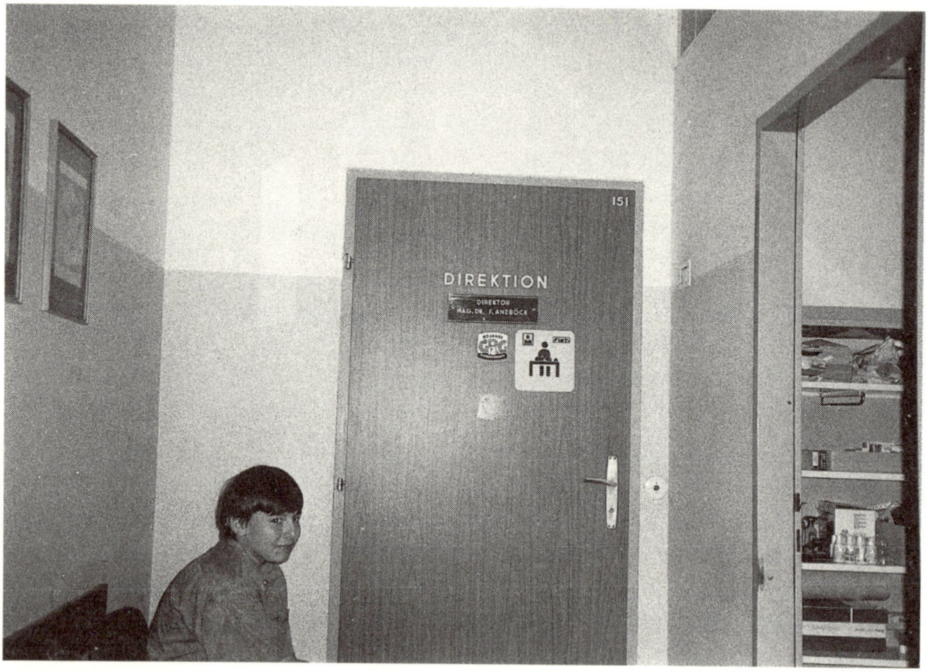

Abbildung 5: »Direktion – ein Raum zum Fürchten ...«

- Grundschule: im Mittelpunkt steht *das Bewusstwerden* der eigenen Vorlieben. (Hintergrund meist: Schule insgesamt ist – noch? – positiv besetzt, extrem enge Verbindung von Person und Raum, z.B. Lehrerzimmer/Lehrerin Claudia: »*Das Lehrerzimmer ist +, weil sich Claudia da erholen kann; das Lehrerzimmer ist –, weil Claudia nicht bei uns ist, wenn sie sich dort ausruht.*«) Daneben sehr stark die Vorliebe für die oben schon erwähnten nicht verkopften Räume.
- Sekundarstufe I: Inzwischen ist das in der Grundschule noch wenig geschärfte Bewusstsein, *was* man in der Schule mag/nicht mag, schon sehr deutlich ausgeprägt, das Aufregende an der Fotoevaluation ist für diese Altersgruppe etwas anderes: dass überhaupt jemand aus der Erwachsenenwelt sich für diese Vorlieben und Abneigungen der Schüler/innen interessiert! (*»Wieso interessiert Sie das denn, wo wir uns hier wohl fühlen, Frau Lehrerin?«)*
- Sekundarstufe II: Die Basisaufgabenstellung kann hier mit der in der *Sek I* identisch sein, die Durchführung muss natürlich dem höheren Alter angepasst werden. Als sinnvolle *Erweiterung* der ursprünglichen Aufgabenstellung hat sich bewährt, nicht nur die Plus- und Minusorte, sondern zu den Orten passende »soziale Szenen« fotografieren zu lassen, die die Schüler/innen als typisch für den jeweiligen Ort empfinden. (Beispiel 1: Foto von der Treppe mit glatter Seitenbegrenzung – verbotenerweise als Rutschbahn benutzt; Beispiel 2: der Gang vor dem Büfett: Raufszene, Beispiel 3: Relaxen auf der Dachbodentreppe).

Weiterentwicklungen

Auf Grund unserer Erfahrungen lässt sich die Fotoevaluation ausweiten, wozu folgende Anregungen dienen sollen:

- Durchführung einer Fotoevaluation für neu an eine Schule kommende Klassen nach etwa drei Wochen, eine weitere am Ende des ersten Schuljahres → Was hat sich verändert? (evtl. in Kombination mit weiteren Evaluationsmaßnahmen)
- An einer Schule wird die Fotoevaluation in mehr als einer Klasse durchgeführt → Vergleich und Diskussion der Ergebnisse.
- Schüler/innen, Lehrer/innen und nichtlehrendes Personal machen Fotoevaluation, die Ergebnisse werden gegenseitig vorgestellt und diskutiert.
- *Alle* Klassen einer Schule nehmen, vertreten durch jeweils eine Schülergruppe, an einer Fotoevaluation teil: dadurch ergeben sich zusätzlich statistische Möglichkeiten.
- Partnerschulen (aus verschiedenen Ländern) machen eine Fotoevaluation ihrer eigenen Schule und tauschen die Ergebnisse in »gereinigter Form«, also ohne Bloßstellung von Personen, aus; es ergibt sich u. a. eine Art Kulturvergleich.
- An Stelle von Fotoapparaten kann auch eine Videokamera verwendet werden. Allerdings ist dabei zu berücksichtigen, dass sich durch das Vorführen von Filmsequenzen die Form der Auswertung verändert, da die (bewegten) Bilder nur während der Vorführung sichtbar sind.
- Die Fotoevaluation wird räumlich erweitert (z.B. Wohnbereich, Freizeit- bzw. Arbeitswelt).
- Anwendung der Fotoevaluation auf einen bestimmten Fokus, der von verschiedenen Seiten beleuchtet wird. Bernadette English (1998) hat beispielsweise ein Leseprojekt aus der Perspektive der Schüler/innen, Eltern und Lehrer/innen mittels Fotoevaluation beleuchten lassen, wodurch sich für alle Beteiligten neue Einsichten für den Umgang mit Texten ergeben haben.

Theoretische Aspekte der Fotoevaluation

Auf Grund der unterschiedlichen Wirklichkeitskonstruktionen, die sich beim Festhalten der Orte, Personen und szenischen Darstellungen auf unterschiedlichen Ebenen ergeben, lassen sich mehrere Welten von Schulwirklichkeit festhalten. Sie werden hier – nicht nur für theoretisch Interessierte – aufgezeigt.

Die erste Welt: Schüler/innenwelt contra Lehrer/innenwelt oder: Wer ist im Besitz der »wirklichen« Schulwirklichkeit?

Das Foto-Projekt stellt zunächst eine direkte Verbindung zum täglichen Leben, insbesondere zum »täglichen Gefühlsleben« der Kinder, her; für gewöhnlich machen sie die Erfahrung, dass sich eine tiefe Kluft zwischen ihren Prioritäten und denen der Erwachsenen aufspannt, sie erfahren sehr intensiv die *Diskrepanz in der Bewertung von Lebensbereichen* durch sie selbst und durch die »offiziellen« Haltungen:

Einerseits beschäftigt und bewegt sie eine Welt, in der es ganz zentral um Themen geht wie:

- Kann ich beim Sticker-Sammeln und -Tauschen mithalten und hab ich Poster von den »richtigen« Musikgruppen?
- Werd ich gefragt, ob ich mitkomme, wenn sich Mitschüler/innen am Nachmittag treffen, und bin ich Teil des Spiels »Wer geht mit wem?« – oder lässt man mich »dumm sterben«?
- Werd ich von X. als Pausengesprächspartner oder auch als Völkerballkönnerin akzeptiert und deshalb rasch in eine Pausenclique integriert bzw. in eine Mannschaft gewählt oder muss ich mich als minderwertige Restmenge fühlen?
- Kann ich es mir leisten, dem Urteil der Opinionleader in der Klasse über eine Sportart oder in einer Modefrage oder gar über einen bestimmten Lehrer meine Meinung entgegenzusetzen, oder muss ich »mit den Wölfen heulen«?

Andererseits erleben sie unentwegt, wie eben diese Welt im offiziellen Schulbetrieb abgewertet, vergessen, bestenfalls »nebenbei« geduldet wird, wenn sie die andere, die *Erwachsenen-Werte-Welt,* nicht stört! Fragen im »offiziellen Lehrplan« der Schule sehen anders aus als jene, die Kinder und Jugendliche im (Schul-)Alltag stellen. Sie laufen üblicherweise nach dem Muster »Lehrer/in fragt – Schüler/in antwortet – Lehrer/in bewertet ›richtig‹ oder ›falsch‹« ab (vgl. Schratz & Mehan 1993). Es sind die typischen Schulfragen, bei denen die richtige Antwort bereits bekannt ist, welche die Basis für dieses Strickmuster von Unterricht darstellen. Sie dienen dazu, Verfügungswissen einzustudieren, um die (späteren?) Lebensfragen in den Griff zu kriegen. Nach Horst Rumpf (1987) führt die Monopolstellung dieser Art von Unterricht zu einer »Verödung der Lernkultur«.

Wenn sich die Schüler/innen aber fotografierend, diskutierend und reflektierend »im Dschungel der Gefühle« durchs Schulhaus pirschen, ist diese fein säuberliche Trennung zwischen (Über-)Lebensfragen und Lernfragen ansatzweise aufgehoben. Sie versuchen das Unbekannte im Bekannten zu wittern und nachzuspüren, wo Zusammenhänge zwischen ihrer Schul- und Gefühlswelt liegen: auf *ihre eigene* Bewertung kommt es an, wie *sie* sich fühlen, zählt. Dass auch noch von ihnen verlangt wird, *diese Gefühle zu artikulieren und sie so für andere nachvollziehbar zu machen,* bringt ein weiteres Element ins Spiel, ändert aber nichts im Grundsätzlichen.

»Dieses alles bringt die solide Welt etablierter Deutungen, unbezweifelbarer Sinneseindrücke und Gewohnheiten in die Schwebe – und zwar ohne dass jemand da ist, der drohend fragt: was ist unklar, was ist auffällig? Diese beiläufig sich ergebenden Bodenschwankungen, diese leichten Schwindelgefühle, oft wonnevoll ergriffen – sie sind der Sauerstoff des Geistes. Gefährdet in einer Umwelt der fixfertigen Informationen, der Bilderflut, die keinen Atem lässt für die grübelnde Nachfrage – ist es wirklich wahr, das kann doch nicht wahr sein ...« (Rumpf 1986b, 64–65)

Die zweite Welt: Harte Fakten über die baulichen Gegebenheiten oder: »Nichts geht mehr?!«

Auf einer zweiten Ebene bringt die Fotografie als Medium der (Selbst-)Reflexion eine Auseinandersetzung mit der *tatsächlichen Ausstattung und den Mängeln des Schulhauses*: Wie dringend das Bedürfnis der Kinder nach Grünanlagen, nach Auslauf etc. ist, zeigt etwa deutlich die einhellige begeisterte Zustimmung zu dem bescheidenen kleinen asphaltierten Schulhof eines Gymnasiums, den die Kinder *einmal pro Schultag eine Viertelstunde lang* benutzen dürfen ...

Schulen sind nach dem Prinzip »geschlossener Anstalten« gebaut worden, für die »Überwachen« und »Strafen« als typische Sanktionierungsmechanismen gelten (vgl. Foucault 1976). Daher wird sie auch den »Misstrauensorganisationen« zugerechnet, in denen eine permanente Beaufsichtigung der Schüler/innen stattfindet. Das Fotografieren stellte für sie eine temporäre Befreiung aus der Lehrerkontrolle dar, was sie im Rahmen des Schulraums nach eigenen Vorstellungen nutzen konnten. Es überrascht daher nicht, dass zahlreiche Fotos die »Auswege« aus der Überwachung festzuhalten versuchen (Fenster ins Freie, Türe auf die Straße, Toilette).

Das Festhalten der Objekte auf den Fotos sollte allerdings nicht nur Anlass zur Gesprächsreflexion und zum Austausch von unterschiedlichen Befindlichkeiten sein, um schließlich als gefrorene Bilder im Fotoalbum der Schulchronik zu entschlafen. Vielmehr sollen die Ergebnisse des Projekts, insbesondere die Kommentare zu den Fotos Anstoß sein für Überlegungen, ob nicht doch einige Veränderungen in der Organisation des Schulalltags bzw. in der Ausstattung des Hauses möglich sind (eine zweite Hofpause beispielsweise etc.). Die fotografischen Dokumente sind härtere »Fakten« als einzelne Äußerungen von Schüler/innen, die zumeist nicht bis an die Ohren der Verantwortlichen heranreichen. Sie werden damit zu wichtigen Beweisstücken für die Belebung einer vergessenen (oder unterdrückten?) Vernunft.

Es handelt sich also auch um einen *emanzipatorischen* Anspruch: Wie können wir unsere eigenen Angelegenheiten selbst mitgestalten? Das ist keine Lernfrage mehr, sondern eine Überlebensfrage in einer Zeit, in der die Identität des/der Einzelnen immer mehr vom Zivilisationsprozess vereinnahmt wird (vgl. Elias 1969). Es sind zwar nur zaghafte Schritte, die von den Schüler/innen gemacht wurden. Als Spurenelemente können sie aber über die festgehaltenen Bilder wirksam werden und weitere Schritte bewirken.

Die dritte Welt: Unterrichtswirklichkeiten oder: Fotografische Annäherung an die Realitäten

Die Kultur des Wortes beherrscht das gesellschaftliche Leben in hohem Maß. Sie nimmt auch in schulischen Curricula einen hohen (wenn nicht den höchsten) Stellenwert ein, der sich nicht zuletzt in der Dominanz der Fächer widerspiegelt (vgl. die Rolle des Deutschunterrichts und der Rechtschreibung). Die nonverbale Kultur ist der des Wortes mit zunehmender Bildungsrelevanz unterlegen, denn »in der Schulerziehung, in den für die soziale Zukunft entscheidenden Abschlussprüfungen von Schulen und Hochschulen dominiert die Durchsetzung der verbalen Kultur und der an schriftliche Manifestationen gebundenen Intelligenz nachhaltig« (Rumpf 1987, 32).

Neben dem praktischen Wert für die Betroffenen (Schüler/innen und Lehrer/in) hat der Einsatz der Fotografie im geschilderten Projekt auch eine Bedeutung für die Theorie-Bildung. Einerseits bringen die Erfahrungen neue Anregungen für die Unterrichtsforschung, zumal hier unterschiedliche Bereiche interdisziplinär in der Fotografie zusammenlaufen (etwa die Verknüpfung der Bereiche Medienpädagogik, pädagogische Soziologie, Fachdidaktik Deutsch und Bildnerische Erziehung und Evaluation als Teil der Unterrichtslehre). Fotos lassen sich nicht von einem einzelnen Fach vereinnahmen, da sie die Realität in ihrer *ganzen Komplexität* als Momentaufnahme festhalten. Fotografien sind nach Susan Sontag (1979, 88) nicht nur die Evidenz dessen, was ein Individuum sieht, nicht nur Dokumente, sondern eine Evaluation der Welt(sicht). Damit stellen sie eine »Vision« der Beziehung zwischen Subjekten und Objekten dar, die sich in der Momentaufnahme manifestiert. Die Zusammenhänge zwischen *Orten, Räumen, Plätzen* und *Befindlichkeiten, Gefühlen, Assoziationen* werden in der Pädagogik meist viel zu wenig beachtet und reflektiert, schon gar nicht, wenn es um die ohnehin kognitiv überbestimmte, kopflastige Umwelt Schule geht (vgl. Hierdeis/Schratz 1992).

Das Medium Fotografie lebt – auch im Vergleich mit Film oder Video – vom *bewussten Aussparen bestimmter Zugänge* (etwa der Sprache und der Bewegungswahrnehmung) und fordert die *Intensivierung* der verbleibenden Möglichkeiten, also z.B. die Schärfung der Gestalt-Wahrnehmung, die Anregung zur Auseinandersetzung mit »vertrauten« Bildern aus einer »fremden«, durch die Kameralinse vorgegebenen Perspektive. Das (gedanklich) Ferne wird durch die Fokussierung plötzlich nahe und thematisierbar. »Sich dieses Fernliegende – die Irritation durch eine Ungereimtheit beispielsweise – wirklich nahe kommen zu lassen, wo soll man das eigentlich noch lernen, wenn nicht in der Schule und in der Universität? Man hat den Eindruck, beide Einrichtungen tun alles, um diese Irritationen abzuwehren oder aber zum Griff nach rettenden Planken auszumünzen – denn so erreicht man die Mitgliedschaft in der community der Spezialisten.« (Rumpf 1986b, 135)

Damit ist auch die weitere Bedeutung für die Theorie-Bildung angesprochen: der Stellenwert der Fotografie als Forschungsinstrument. In der sozialwissenschaftlichen Forschungsdiskussion ist die visuelle Komponente interessanterweise großteils ausgespart worden, obwohl die Sozialwissenschaften geradezu prädestiniert dafür wären. Durch ihre starke empirische Ausrichtung haben sie mehr nach der Erfüllung der testtheoretischen Gütekriterien wie Objektivität, Reliabilität und Validität geschielt, als sich um das (Er-)Finden eigenständiger Methoden zur Auseinandersetzung mit der sozialen Welt zu kümmern. Sozialwissenschaftler/innen sehen Fotos daher mit einer gewissen Skepsis, da sie vielfältige Bedeutungen tragen und daher leicht manipulieren können. Aus unserer Sicht eignen sie sich aber gerade aus diesem Grund dazu, die *Komplexität sozialer Beziehungen* verstehen zu lernen. Wir glauben beispielsweise, dass die abgedruckten Fotos der Schüler/innen eine Menge über den menschlichen Aspekt im Schulleben aussagen, wie sie mit anderen Forschungsmethoden kaum festgehalten werden könnten. Sie tragen in gewisser Weise dazu bei, das Unsichtbare sichtbar zu machen (vgl. Schratz/Walker 1995).

Das Sichtbarmachen des Unsichtbaren hat starken Aufforderungscharakter: Fotos *bringen Menschen zum Sprechen*, verleiten sie dazu, in das Kontinuum der anderen einzutauchen, sich mit deren Wirklichkeit auseinanderzusetzen. Denn alle fotografischen Ereignisse sind mehrdeutig, außer für jene, deren persönliche Beziehung zum Ereignis die von dem Bild allein nicht vermittelte Kontinuität herstellt (Berger/Mohr 1982, 128). Daher tragen sie auf der ersten Ebene dazu bei, dass die Schüler/innen gegenseitig über ihre persönliche Beziehung zu den abgebildeten Örtlichkeiten ins Gespräch kommen. Auf einer zweiten Ebene ist es die Lehrperson, die mit den festgehaltenen Motiven und deren gefühlsmäßiger Besetzung konfrontiert wird. Sie erhält damit einen neuen Zugang zur Wahrnehmung »schulischer Wirklichkeiten« ihrer Schüler/innen.

Die über das Projekt in Gang gesetzten Reflexionen, die in der Routine des Schulalltags üblicherweise ohnehin viel zu kurz kommen, lösen eine Art Kettenreaktion aus: Auch andere Klassen werden angeregt herauszufinden und darzustellen, wo sie sich (nicht) wohl fühlen. Lehrer/innen fällt auf/ein, dass sie sich selbst noch kaum darüber Gedanken gemacht haben, *wie* sie sich *wo* an ihrem Arbeitsplatz fühlen. In dieser Hinsicht haben sich die von den Schüler/innen produzierten Fotos als ein wertvolles Instrument der (schulinternen) *Selbstevaluation* herausgestellt. Es wurde nicht von einem externen Forscher eingesetzt, sondern hat die Betroffenen zur Erforschung ihrer eigenen Situation angeregt – mit dem Ziel, ihr eigenes soziales Umfeld zu verbessern (vgl. Elliott 1991). Auch wenn die Fotos in diesem Beitrag (für Außenstehende) eher dokumentarischen Charakter haben, sollen sie in ihrer Ausdruckskraft zumindest zum Nachdenken darüber anregen, wie der Arbeitsplatz Schule auf das psychische Wohlempfinden von Schüler/innen und Lehrer/innen wirkt.

Die alte Weisheit: »Ein Bild sagt mehr als 1000 Worte« lässt sich also für die Fotoevaluation ergänzen: Ein solches Bild »sagt« nicht nur 1000 ansonsten ungesagte Worte, es gibt sogar den Anstoß, dass diese dann auch gehört werden – was für ein machtvolles Instrument. Unterstützen wir die Schüler/innen in seinem Gebrauch.

Literatur

Berger, J./Mohr, J.: Another Way of Telling. London: Writers and Readers 1982
Deissler, K.G.: Sich selbst erfinden? Von systemischen Interventionen zu selbstreflexiven therapeutischen Gesprächen. Münster: Waxmann 1997
Elias, N.: Über den Prozess der Zivilisation. Band 1. Bern: Franke 1969
Elliott, J.: Action Research for Educational Change. Milton Keynes: Open University Press 1991
English, B.: Pupil, Teacher and Parent Perceptions of a Paired Reading Project Within the Context of ›Partnership‹ in Curriculum. Dublin City University: unv. Dissertation 1998
Foucault, M.: Überwachen und Strafen. Die Geburt des Gefängnisses. Frankfurt/M.: Suhrkamp 1976
Hierdeis H./Schratz, M. (Hrsg.): Mit den Sinnen begreifen. Zehn Anregungen zu einer erfahrungsorientierten Pädagogik. Innsbruck: Österreichischer Studien Verlag 1992
Kindervater, Ch./Güpner, M./Kosse, M.: Schule im Schülerobjektiv. Selbstevaluation von Schulen am Beispiel einer Fotoevaluation. In: SchulVerwaltung spezial, Heft 2, 1999, S. 38–40
MacBeath, J./Meuret, D./Schratz, M./Jakobsen, L.: Evaluation der Qualität von Schule und Unterricht. Ein europäisches Pilotprojekt (Abschlussbericht). Brüssel: Europäische Kommission, 1999
Rumpf, H.: Mit fremdem Blick. Stücke gegen die Verbiederung der Welt. Weinheim: Beltz, 1986
Rumpf, H.: Belebungsversuche. Ausgrabungen gegen die Verödung der Lernkultur. München: Juventa, 1987
Schratz, M./Mehan, H.: Gulliver travels into a math class. In search of alternative discourse in teaching and learning. In: International Journal of Educational Research 19 (1993) 3, S. 247–264
Schratz, M./Steiner-Löffler, U.: »Im Dschungel der Gefühle«. Fotografie als Medium der (Selbst-)Reflexion. In: Medien-Impulse 3 (Dezember 1994) 10, S. 66–76
Schratz, M./Steiner-Löffler, U: Pupils Using Fotografs in School Self-Evaluation. In: J. Prosser (Hrsg.): Image-based Research – A Sourcebook for Qualitative Researchers. London: Falmer, 1998a, S. 235–251
Schratz, M./Steiner-Löffler, U.: Die Lernende Schule: Arbeitsbuch pädagogische Schulentwicklung. Weinheim: Beltz, 1998b
Schratz, M./Walker, R.: Research as Social Change: New possibilities for qualitative research. London: Routledge, 1995
Sontag, S.: On Fotografy. Harmondsworth: Penguin, 1979

Dieter Kulikowsky-Valentin

Gesprächs-, Beratungs-, Unterrichtssituationen

Handlungsorientierte Praxishilfen

Entwicklung im gesellschaftlich-kulturellen Umfeld (familiärer Wandel, veränderte Kindheit, elektronische Medien ...) zwingen die Schulen in immer stärkerem Maße, den daraus resultierenden erweiterten Bildungs- und Erziehungsauftrag ernst zu nehmen.

Aus der Verunsicherung und Orientierungslosigkeit darüber, welche Normen und Werte noch Gültigkeit haben (Stichwort: Wertewandel) sowie aus der Zunahme an auffälligen und dissozialem Verhalten, lässt sich ein nicht mehr zu übersehender Beratungs- und Erziehungsauftrag ableiten.

Beraten und Erziehen als »neue« Grundorientierung verlangt in Schule ein neues Rollen- und Selbstverständnis von Lehrerinnen und Lehrern. Die Schule als Erfahrungsort für soziales Zusammenleben und zur Entwicklung sozial-kommunikativer Fertigkeiten und Fähigkeiten kann nicht länger ignoriert werden: Der Paradigmenwechsel ist in der Schul(programm)entwicklung zu artikulieren. Eine stärker zu beachtende Kommunikationskultur ist wesentlicher Bestandteil schulischer Lernkultur.

Die Folge ist die Aufhebung der oft strikten Trennung von Unterrichtsinhalten und sozialem Lernen und stellt die Entwicklung einer neuen Kommunikations- und Kooperationskultur im System Schule zur Aufgabe.

Solch ein Selbstverständnis setzt auch flexiblere Formen der Organisation (z.B. veränderte Beratungsbedingungen) voraus, mehr Zeit und Raum, um Kontakte zum Erfahrungsinhalt von Schule zu machen als auch die Bereitschaft, Gesprächs- und Beratungssituationen als beruflichen Auftrag anzunehmen, sich einzulassen, Kommunikation stärker zu fördern und Kooperation anzustiften. Misslungene Kontakte und Kommunikation haben oft Konflikte und auch Gewalttätigkeit als Endpunkt eines gescheiterten Verständigungsprozesses zur Folge.

Auch gute schulische Aufklärungsarbeit hat heute nicht mehr die erhoffte Einstellungsänderung zur Folge. Es liegt die Vermutung nahe, dass diese Einwicklung mit vielschichtiger Beziehungsverarmung zusammenhängt. Um dem zu begegnen, ist eine Höherbewertung des Beziehungsangebotes in Schule erforderlich.

Unterbrechungen, Hemmungen und Verformungen von alltäglichen und unterrichtlichen Lernprozessen sind demnach präventiv wahrzunehmen und sollten im Unterricht oder in Gesprächen aufgegriffen werden.

Beratung und soziales Lernen als Unterrichtsgegenstand sind demnach Formen der Besinnung durch Innehalten und Entschleunigung schulischer Abläufe. Hierbei sollte das Prinzip der Verhältnismäßigkeit Berücksichtigung finden. Steht der erforderliche Aufwand (Zeit, Vorbereitung ...) in einem gesunden Verhältnis zu Ertrag? Steht der motivational-soziale Effekt im Verhältnis zum Aufwand?

Die in Folge dargestellten Anregungen und Praxishilfen sollen Beispiele liefern, um
- persönlich bedeutsames Lernen zu ermöglichen (Wachstum der Persönlichkeit)
- Verbindung von fachlichem, politischem und persönlichem Lernen (Modell der gestaltpädagogischen Didaktik) herzustellen
- ein Gespür für die Welt der anderen zu bekommen (Empathie als ein Wirkungsfaktor in der Psychodramapädagogik)
- Kommunikationsanlässe zu schaffen, Situationen herzustellen und zu beleuchten,
- Problemfelder zu beleuchten, zu visualisieren und handelnd erlebbar und nachvollziehbar zu machen
- Problemlösungsstrategien zu entwickeln auf der Basis von Akzeptanz, neue und erweiterte Lösungswege anzubahnen und auszuprobieren

Grundhaltungen und Prinzipien dieses Ansatzes sind es, *defizitäre Kommunikationsmuste*r aufzulösen, um *neue Wahrnehmungsdimensionen* auf der Basis erfahrungs- und erlebnisorientiertem Lernens erschließen zu helfen.

> »*Erfahrung ist für mich die höchste Autorität. Der Prüfstein für Gültigkeit ist meine eigene Erfahrung. Keine Idee eines anderen und keine meiner eigenen Ideen ist so maßgeblich wie meine Erfahrung. Ich muss immer wieder zur Erfahrung zurückkehren, um der Wahrheit, wie sie sich mir darstellt, wie sie sich mir als Prozess des Werdens darstellt, ein Stück näher zu kommen.*« (Carl R. Rogers)

Konkret bedeutet dies:
- Spiele und inszeniere, was du spielen kannst.
- visualisiere, um Themen, Situationen und Problemstellungen transparenter und verstehbarer zu machen.
- aktuelle Themen gezielt aufgreifen, einsetzen und erlebbar machen. Aufgreifen von Ereignissen aus dem Hier und Jetzt. Störungen haben Vorrang, wobei auch das Prinzip der Verhältnismäßigkeit zu beachten ist.
- Schülerverhaltensweisen (sofern sie sich im Rahmen schulischer Normen bewegen) und uns eher fremde Schülerwelten akzeptieren zu lernen, auch wenn sie in unserem Selbstkonzept keinen akzeptierten Platz haben. Kollegiale Supervision als der geeignete Ort, damit adäquat umzugehen.

Wie viele Gespräche notwendig sind, wissen Lehrkräfte, die täglich mit Verhaltensauffälligkeiten und Problemen von Schülern konfrontiert sind. Oft erscheinen Gespräche als das wichtigste und häufig einzige Instrument zur Klärung problematischer Situationen.

Zusätzliche Hilfen zur Erhöhung kommunikativen Geschicks sind neben einer personenzentrierten Grundhaltung, Methoden zu Verhaltensänderung, die über Tür- und Angelgespräche hinausgehen und auf Probleme mit systematischen *Veränderungstechniken* auf der Handlungsebene reagieren.

Anhand ausgewählter Beispiele werden kreative erlebnisorientierte Methoden aufgezeigt, die als Praxishilfen dienen können. Die vorgestellten Anregungen sind weiterentwickelte und in Schule und Jugendarbeit anwendbare Methoden aus der Psychodramapädagogik, der Gestaltpädagogik und der Organisationsentwicklung. Gelungene Beratungsgespräche und Kommunikationstrainings bedürfen eines gut strukturierten Rahmens und konkreter, kleinschrittiger Handlungsanweisungen, um nützlich und wirksam zu werden. Dies versuche ich bei den folgenden Beispielen zu beachten.

Schritte zum verstehenden und umsetzenden Lernen

Gedacht bedeutet nicht **gesagt**
gesagt bedeutet noch nicht **gehört**
gehört heißt nicht **verstanden**
verstanden ist noch längst nicht **einverstanden**
einverstanden ist nicht gleichbedeutend mit **realisierbar**
realisierbar ist nicht gleichzusetzen mit **angewendet**
angewendet ist noch nicht **gekonnt**
gekonnt bedeutet noch längst nicht **beibehalten**

Nach dieser notwendigen Vorklärung möchte ich nunmehr an vier Praxisbeispielen aufzuzeigen versuchen, wie handlungsorientierte und aktivierende Methoden in Unterricht und Beratung gezielt eingesetzt werden können.

Praxisbeispiel 1: Ich kann was, aber ich brauche auch Unterstützung Meine Potenziale/Meine Schwächen

Im pädagogischen Kontext bietet dieses in Folge beschriebene Szenario den Schülerinnen und Schülern die Möglichkeit, eine persönliche Stärken-/Schwächenbilanz herauszuarbeiten.

Die Methode kommt aus dem Psychodrama (Zauberladen) und hilft, zu einer ehrlicheren Selbsteinschätzung zu gelangen und hebt gleichzeitig nicht beachtete und wenig gelebte Potenziale hervor.

Die Methode ist im pädagogischen Feld sowohl einsetzbar, um Potenziale und Defizite im Leistungsbereich und im Sozialverhalten zu verdeutlichen. Auch in Beratungssituationen für Schüler mit mangelndem Selbstbewusstsein geeignet, mit dem Ziel die persönlichen Stärken herauszustreichen und bewusst zu machen (z.B. im Rahmen eines Keep-cool-Trainings, Kinder stark machen). Andererseits kann die Aufmerksamkeit auf Fähigkeiten und Fertigkeiten gelenkt werden, die noch zu entwickeln und zu fördern sind.

Zur Zielsetzung:
- Realistische Selbsteinschätzung
- Leistungsdefizite abbauen zu helfen
- Defizite im Sozialverhalten abzubauen
- Sozialverhalten fordern und fördern
- Selbstbewusstsein stärken
- Sozialverhalten fördern
- Zu Kooperation anstiften
- Vereinbarungen treffen und Verbindlichkeit fordern

Fallstricke:
- Schülerschwächen offen zu nennen, setzt hohes Maß an gegenseitiger Akzeptanz voraus
- Kooperationskultur sollte schon durch Gruppenarbeit eingeübt sein
- Hohes Maß an Aktivität, Steuerung und Sensibilität der Lehrkraft ist Voraussetzung
- Zielsetzung muss klar definiert sein
- Ablauf und Kontrakt ist klar zu strukturieren
- Vereinbarungen müssen schriftlich festgehalten werden
- Auf keinen Fall Schüler auffordern, die durchweg leistungsschwach sind und wenig Potenziale haben. Hier sind andere individuelle Hilfen angesagt.

Beispiel:
Hilfst du mir, so helf ich dir.

Um leistungsschwachen Schülern zusätzliche Hilfen für eine bald anstehende Mathearbeit anzubieten, schlägt die Lehrkraft vor, Hilfe suchende Schüler aus der Klasse zu unterstützen.

Das Szenario zur Durchführung:
- Die Tische werden zur Seite geräumt und die Klasse setzt sich in den Halbkreis. Die Lehrkraft stellt zwei Stühle vor den Halbkreis. Dahinter befindet sich eine Tafel, besser eine Metaplanwand.
- Auf einem Tisch liegen mehrfarbige Metaplankarten und Stifte bereit.
- Die Lehrkraft erläutert das Verfahren: Ich biete euch heute eine Art *Tauschbörse* an. Ich schlage das vor, weil wir in zwei Wochen eine Mathematikarbeit schrei-

ben und einige in der Klasse, wenn sie die nächste Arbeit voraussichtlich verhauen, eine mangelhafte Zeugnisnote bekommen und dadurch eventuell ihre Versetzung gefährdet ist. Um welche Schüler es sich dabei handelt, ist jedem von euch bekannt. Daraus brauchen wir kein Geheimnis zu machen.

Zur Vorgehensweise:

- Die Person, die gerne Hilfe von einem Mitschüler erhalten möchte, kommt nach vorne und setzt sich auf den Stuhl der Lehrkraft gegenüber und trägt das Anliegen, den Unterstützungswunsch vor. Da es sich um ein Tauschgeschäft handelt, wird die Unterstützung nur gewährt, wenn der Hilfesuchende eine Gegenleistung erbringt. Es kommt immer nur eine Person. Die Klasse verhält sich ruhig und verfolgt das Geschehen (evtl. Vergabe von Beobachtungsaufträgen).
- Die Lehrkraft führt die Verhandlung. Im dialogischen Gespräch wird der Wunsch nach Unterstützung konkretisiert und aufgeschrieben. Z.B. Hilfen zur Vorbereitung auf die kommende Mathearbeit durch einen leistungsstarken Schüler in den Freistunden.
- Ist dies geklärt, so wird darüber verhandelt, wie die Gegenleistung aussehen kann. Dies sind in der Regel immer Fertigkeiten, Fähigkeiten und Potenziale, durch die sich der Hilfesuchende auszeichnet (z.B. Fremdsprachen). Dadurch wird die zugegebene Schwäche relativiert, die Person in ihrer Gesamtheit erscheint wieder in einem anderen Bild.
- Sind die Wünsche und Angebote klar, so gibt es zwei Möglichkeiten, weiter zu verfahren: Einmal wird die Gegenleistung im Gespräch herausgearbeitet und formuliert, und in der Klasse nachgefragt, wer Interesse an einer Kooperation hat, in Mathe helfen kann und andererseits Interesse an der Gegenleistung zeigt.
  Die zweite Variante: ein Schüler, der zur Unterstützung bereit ist, wird in die »Verhandlung« mit einbezogen und formuliert, was er als Gegenleistung erwartet. In einem gemeinsamen Gespräch wird eine Vereinbarung getroffen und genau konkretisiert und per Handschlag vor der Klasse besiegelt.
  Wichtig ist es, bei den Gesprächsverhandlungen auf einer Ebene zu bleiben. Wird eine Unterstützung im Leistungsbereich verhandelt, so sollte die Gegenleistung eine Unterstützung in einem anderen Fach sein, in dem der Unterstützung bietende Hilfe benötigt.

Diese Übung dient dazu, Leistungsdefizite Einzelner aufzugreifen und Hilfen innerhalb des Klassenverbandes anzubieten. Neben der sachlichen Unterstützung können solche Vereinbarungen auch Kooperation anstiften.

Als Nebeneffekt dient dieses Verfahren zur Klimaverbesserung. Durch das Bestehen auf Gegenleistung wird neben den damit herausgestellten Potenzialen des Hilfesuchenden aber auch eine Wertschätzung für die gewährte Unterstützung zum Ausdruck gebracht.

Es ist durchaus auch möglich, psychosoziale Themen zum Inhalt einer solchen Arbeit zu machen. Eine mögliche Fragestellung: Was brauche ich? Was fehlt mir, um mich in der Schule, Klasse wohl fühlen zu können?

Um auf diese Arbeit vorzubereiten, ist es manchmal sinnvoll, so genannte Anwärmübungen zur Einstimmung vorzuschalten (z.B. Kontaktübungen, Übungen, die auch die emotionale Ebene ansprechen).

Eine Möglichkeit des Einstieges könnte auch eine Fantasiereise sein, die zu dem Tauschladen führt. Für Kinder mit dissozialem Verhalten kann diese Übung auch durchgeführt werden. Dies sollte allerdings in Form einer Einzelberatung erfolgen. In dieser Beratung ist es besonders wichtig, die positiven Ansätze bei gleichzeitiger Konfrontation der sozialen Defizite hervorzuheben und zu fördern. Vereinbarungen sollen Verbindlichkeit herstellen. Die Durchführung dieser Übung in der Einzelberatung wird erleichtert, wenn dem zu beratenden Schüler die Methode bereits aus dem Unterricht bekannt ist.

Um neu in den Klassenverband gekommene Schüler zu integrieren, ist diese Übung ebenfalls geeignet.

Beispiel: Ein neuer Schüler ist ausgesprochen still und kontaktscheu und isoliert sich zunehmend. Mithilfe der vorgestellten Methode können soziale Kontakte geknüpft und Möglichkeiten zur Selbstdarstellung geschaffen werden.

Ob dies in der Einzelberatung oder im Klassenverband erfolgen soll, muss von der Lehrkraft genau abgewogen werden. In einer exponierten Position vor der Klasse besteht die Gefahr, dass sich der Schüler noch mehr verschließt. In der Einzelberatung bittet die Lehrkraft den Schüler zu einem Gespräch und erarbeitet eine »Was-wünsche-ich-an-Kontakt-und-was-kann-ich-der-Klasse-geben«-Konzept.

Praxisbeispiel 2: Mein Standpunkt oder das Spektrum der Möglichkeiten

Mein Standpunkt ist eine Übung zur Durchführung in der Einzelberatung und hilft durch Selbstwahrnehmung, Grundhaltungen und Standpunkte in schwierigen Situationen zu verdeutlichen, die der Entwicklung neuer Haltungs- und Handlungsalternativen bedürfen. Die Übung soll dazu dienen, andere Positionen und Grundhaltungen auszuprobieren, um darüber neue, noch nicht oder wenig erprobte Strategien in schwierigen Entscheidungssituationen zu entwickeln mit dem Ziel, zufriedener aus solchen Situationen zu gehen.

Mein Standpunkt kann auch als Übung im Rahmen eines Selbstbehauptungstrainings eingesetzt werden.

Anwendbar ist es auch in Konfliktschlichtungsverfahren zweier Kontrahenten.

Zur Zielsetzung:

- Verhaltensunsicherheit soll vermindert werden
- das Spektrum der Verhaltensmöglichkeiten soll erweitert werden
- es dient der Verminderung von Verhaltensunsicherheit

- es fördert das In-Kontakt-Treten« mit sich selber
- es verdeutlicht, dass es eine kognitive und eine emotionale Ebene gibt
- es gibt Entscheidungshilfen, wenn keine eindeutige Haltung erkennbar ist
- es führt zu mehr Klarheit im Handeln
- es fördert die Eigenverantwortung für das eigene Tun
- es stärkt die Haltung von Positionen
- es ermutigt, anders zu handeln
- es macht Hemmnisse deutlich, ungewohnte Positionen einzunehmen
- es dient als Vorbereitung auf ein Mediationsgespräch

Fallstricke:
- nicht einsetzbar, wenn keine Bereitschaft zu Selbstreflexion vorhanden ist
- Nicht in der Klasse einsetzen, Persönlichkeitsschutz beachten
- Erforderlich ist ein gutes Verhältnis zum Schüler, sodass eine Öffnung auch auf der emotionalen Ebene möglich ist

Einsatzmöglichkeiten

Um diese Übung durchzuführen, ist mit dem Schüler erst zu klären, zu welchem Thema, Anlass oder Konflikt ein neuer Standpunkt entwickelt bzw. die alten Verhaltensweisen beleuchtet werden sollen. Das Thema kann eine Konfliktsituation sein (keiner, bei der es zu einer körperlichen Auseinandersetzung gekommen ist), die für den Schüler unbefriedigend war, da es ihm nicht möglich war, sich zu seiner Zufriedenheit zu verhalten bzw. zu reagieren.

Denkbar ist aber auch eine Klärung auf der Leistungsebene.

Warum komme ich zu einer resignierenden Haltung in einem bestimmten Fach? Wie komme ich da heraus? … und wie gehe ich das Problem offensiver an? … und was hindert mich daran? Was kann ich persönlich tun, um meine Haltung zu verändern?

Als verstehendes Lernen durch Identifikation, z.B. die Einnahme eines Standpunktes oder Einfühlung in eine Verhaltensunsicherheit einer Romanfigur, eignet sich diese Methode auch für den Unterricht.

Wichtig dabei ist herauszustreichen, dass es sich um die Übernahme einer Rolle handelt und nicht dem eigenen Persönlichkeitsbild entspricht.

Auf der Konfliktebene ist diese Methode auch mit einem Konfliktpartner angehbar. Mein Standpunkt ist auch eine geeignete Übung in der Theaterarbeit bei der Entwicklung von Charakteren und Einnehmen von Rollen.

Zur Durchführung

Die Übung kann sich in mehreren Schritten vollziehen.

1. Klärung des Themas, zu dem ich meinen Standpunkt überprüfen möchte/soll. Das Thema wird formuliert und aufgeschrieben.
2. Erklärung der Vorgehensweise:

Auf dem Fußboden sind im Abstand von ca. drei Metern drei Kreuze mit Klebeband markiert. Das mittlere Kreuz steht für den momentanen Standpunkt, der mit Beginn der Übung einzunehmen ist.
Das Kreuz in Augenrichtung vor der mittleren Position aus gesehen, soll eine offensive Haltung zum aktuellen Standpunkt symbolisieren.
Das Kreuz im Rücken positioniert die defensive Ausrichtung zur Ausgangsposition.

3. Der Schüler nimmt die mittlere Position ein und benennt nochmal das Problem. Um dieses klar herauszuarbeiten, ist es eventuell nötig, nachzufragen. Dann wird der Schüler aufgefordert, eine zu dieser Situation stimmige Körperhaltung einzunehmen. Besondere Aufmerksamkeit sollte auf die Beinstellung (wie ist der Stand), auf die Haltung der Hände (Hände ringen, Faust machen, Hand ausstrecken …) und auf den Blick (sind die Augen gesenkt, geht der Blick geradeaus …) gelegt werden.
   Es ist natürlich auch möglich auf den körperlichen Ausdruck zu verzichten, jedoch gibt die Körperhaltung oft Hinweise auf den emotionalen Zustand der Person, die durch die Sprache nicht so deutlich zum Ausdruck kommt.
4. Dann erklären Sie die Positionen offensiv und defensiv und weisen darauf hin, dass auch eine andere Haltung zu der momentan eingenommenen und sozusagen als Zukunftsprobe ausprobiert werden kann.
   Weisen sie nochmals darauf hin, dass der gegenwärtige Standpunkt eher unzufrieden macht.
5. Fordern Sie auf, eine andere Position einzunehmen. Fragen Sie: Wo zieht es mich hin ? Wo eher nicht ? Was willst du als erstes versuchen ?
   Beide Positionen sind auszuprobieren: die eher leichter fällt, zuerst, dann die schwierigere, ungewohnte Position.
6. Vor dem Sprechen aus einer neu eingenommenen Position können Sie auffordern, dazu eine Körperhaltung einzunehmen.
   Dann fragen Sie: Wie geht es dir da vorne ? Was ist anders? Wie gefällt es dir da? Wäre da etwas, was du gerne mal ausprobieren möchtest?
7. Nach dem Erproben der beiden alternativen Positionen kommen Sie mit dem Schüler ins Gespräch.
   Fragen Sie, was er für eine Erfahrung gemacht hat, ob er etwas Neues erlebt hat, ob das seine Haltung, sein Standpunkt in einem anderen Licht erscheinen lässt, ob er mögliche Verhaltensalternativen entdeckt hat, die für ihn als stimmige Veränderung praktikabel wären.
   Nachdem Sie das herausgearbeitet haben, fordern Sie den Schüler auf, sich erneut in das Szenario zu begeben.
8. Der Schüler soll nun ausgehend von seinem ursprünglichen Standpunkt eine neue Position beziehen, dazu eine passende Körperhaltung einnehmen sowie einige Kernsätze formulieren, die diese Position noch verdeutlichen.
   Geben Sie dem Schüler Zeit, seinen Platz zu finden. Es gibt nicht nur die Alternative offensiv oder defensiv. Alle Zwischenpositionen zwischen dem ursprüng-

lichen Standpunkt und der offensiven Haltung, der Ausgangsposition und der defensiven Position sind möglich.
Ergibt sich aus der Arbeit nur eine leichte Positionsveränderung gegenüber der ursprünglichen, so ist dies Ausdruck dessen, was momentan möglich ist.

9. Dabei können Sie es jetzt belassen, oder aber einen weiteren Schritt zur Umsetzung vorschlagen.
   Handelt es sich um eine konflikthafte Situation, die Ausgangspunkt für diese Arbeit war, so können Sie den Rat Suchenden auffordern, die erlebte Situation in Form einer Zukunftsprobe aus der neuen Position heraus im Rollenspiel auszuprobieren.
   Einstieg bietet die Körperhaltung. Als Gegenüber genügt ein leerer Stuhl. (Stell dir vor, da sitzt dein Gegenüber.)
10. Sie können die Situation abschließen, indem Sie den zu Beratenden fragen, wie er die Beratung und die Methode erlebt hat und ob er davon für die Zukunft profitieren kann.
    Sie bedanken sich für die Bereitschft und das Vertrauen und laden zu einem weiteren Gespräch ein, sollte sich weiterer Beratungsbedarf ergeben bzw. um den Schülern Gelegenheit zu geben, über mögliche positive Erfahrungen zu berichten.

Praxisbeispiel 3.1: Perspektiv- oder Brillenwechsel

Meinungen und Standpunkte sind veränderbar und das unreflektierte Beharren auf den eigenen kann anstrengend und unproduktiv sein.

Die Eröffnung neuer und ungewohnter Sichtweisen über das eigene Erleben, bieten eine Basis für Gespräche und Auseinandersetzungen auf einer neuen, beweglicheren Grundlage. Kompromisse und zufrieden stellende Lösungen für alle Beteiligten können dadurch erleichtert werden. Starre Positionen werden aufgebrochen und infrage gestellt.

Zielsetzung:
- Eröffnung neuer und ungewohnter Sichtweisen
- Einfühlung in andere Positionen durch Einnahme und Durchhalten dieser »Öffnen« und Infragesstellen verhärteter Standpunkte
- Kontakt mit anderen auch auf der emotionalen Ebene durch Rollenübernahme

Fallstricke:
- Unbedingt erst selber ausprobieren vor einer Anleitung
- Nur mit Schülern durchführbar, die andere Rollen über einen längeren Zeitraum einnehmen können
- Einfühlungsvermögen erforderlich
- Bereitschaft, andere Sichtweisen kennen zu lernen ist Grundvoraussetzung

Teilübung:
Die unterschiedlichen Sichtweisen des Systems Schule werden in einen Raum gebracht.

Zur Durchführung:
1. Die Schüler benennen ein Problem, das in der Schule gerade aktuell ist und kontrovers diskutiert wird.
   Zum Beispiel: Rauchverbot für alle im gesamten Schulgebäude
2. Die an der Diskussion Beteiligten und die betroffenen Schüler werden in einen Raum geholt.
   Jede Ecke eines Raumes steht für eine Position.
   Die Vertreter der Positionen: Schüler, Eltern, Lehrer und die Schulaufsicht.
   Je fremder die Position, umso größer ist der Erfahrungsgewinn. Die Ecken (Elternposition, Schüler usw.) werden durch große Schilder kenntlich gemacht.
3. Die Klasse teilt sich in etwa vier gleich große Gruppen auf. Jede Gruppe bespricht sich, einigt sich auf eine Haltung hinsichtlich der Thematik und sammelt möglichst viele Argumente für ihre Position.
4. Jede Gruppe bündelt die erarbeiteten Argumente in prägnante Sprich- und Schlagworte. Jedes Gruppenmitglied übernimmt einen Satz oder eine schlagwortartige Argumentationskette.
5. Nacheinander werden die Gruppen aufgerufen und ergreifen das Wort bzw. sprechen im Wechsel und wiederholend ihre Sätze.
6. Nach dieser Einstimmung stellen sich zwei der diagonal gegenüberstehenden Gruppen in die Mitte des Raumes und tauschen abwechselnd ihre Statements aus. Daraus kann sich eine inhaltliche Diskussion entwickeln. Beide Gruppen nehmen auf Stühlen sich gegenübersitzend Platz.
   Die Diskussion findet nach zu vereinbarenden Regeln statt. Es geht lediglich darum, Argumente auszutauschen, Standpunkte zu verteidigen und möglichst weitere Argumente zu finden. Die beiden diskutierenden Parteien dürfen ihren sich aus der Rolle ergebenden Standpunkt nicht verlassen. Ziel ist es in dieser Phase noch nicht, eine Einigung herbeizuführen, sondern ihre Position argumentativ zu festigen.

Die Kommunikationsregeln sollten bereits erprobt sein und nicht erst neu eingeführt werden. Die beiden anderen Gruppen setzen sich im Halbkreis dazu und sind Zuschauer und Beobachter. Eventuell kann man den Zuschauern gezielte Beobachtungsaufträge geben.

In einem zweiten Durchgang begeben sich die beiden Zuschauergruppen in die Mitte, um ihre Argumente auszutauschen. Die Gruppen, die ihre Argumente bereits ausgetauscht haben, nehmen die Beobachterposition ein. Je nach zeitlicher Ausdehnung dieser Übung können die gemachten Erfahrungen in Form einer schriftlichen Befragung festgehalten werden oder gleich im Anschluss aufgegriffen werden, um einen Erfahrungsaustausch einzuleiten.

Folgende Fragestellungen sind denkbar:

- Kannst du der Position, die du eingenommen hast und die ja nicht deine ist, auch etwas Positives abgewinnen?
- Sind deine sich aus der eigenen, der Schülerrolle ergebenden Argumente ins Wanken geraten?
- Kannst du nach dieser Erfahrung mit den anderen Standpunkten anders umgehen, anders diskutieren?
- Hast du dich mit deiner neuen Rolle anfreunden können?

Wichtig ist es, die Schüler nur eine neue Position ausprobieren zu lassen. Diese Erfahrung ist ausreichend. Bei schwierigen Sachverhalten und Problemstellungen ist auf eine Reduktion der Komplexität zu achten, da sonst eher Verwirrung als Klärung erreicht wird.

Die beschriebene Methode ist auch auf reine Sachthemen anwendbar. Eine Auseinandersetzung zu einer bestimmten Thematik wie zum Beispiel »Energieversorgung im Jahre 2010« kann ähnlich wie oben beschrieben in Form eines strukturierten Rollenspiels mit verteilten Positionen stattfinden.

Zur Vorbereitung werden vier Expertengruppen gebildet, die neben der Entwicklung von selbst erarbeiteten Argumenten noch Sachinformationen in Form von Zeitungsartikeln, Fachaufsätzen etc. erhalten.

Um sich in die Gedankenwelt von Menschen mit gegensätzlichen Standpunkten als den eigenen hineinzudenken, sollten die Schüler Rollen wählen, die ihnen wenig oder gar nicht vertraut sind.

Aus dieser Form der Arbeit lässt sich eine ganze Unterrichtseinheit entwickeln. Der Vorteil dieser Methode liegt darin, neue Möglichkeiten und andere Sichtweisen über das persönliche Erleben kennen zu lernen und andererseits kann ein sonst trockener Unterrichtsstoff durch die Einnahme fremder Rollen und durch szenisches Erleben lebendiger gestaltet werden.

Eine verwandte Methode, sich in andere Denkweisen hineinzuversetzen, wird in der folgenden Übung vorgestellt. Dieses Beispiel setzt noch mehr Rollenflexibilität voraus, weil die Schüler innerhalb einer Übung die Rollen und Positionen wechseln sollen. Wenn sich viele Schüler beteiligen und wirklich beide Positionen ausprobieren, kann sich daraus eine sehr dynamische Übung mit einer sehr lebendigen Diskussion entwickeln.

Praxisbeispiel 3.2:
Erst pro … dann kontra
Erleben anderer »Meinungswelten«

Zwei leere Stühle werden zueinander in den Raum gestellt. Die Klasse setzt sich im Halbkreis herum. Die Lehrkraft erklärt das Verfahren und fordert zwei Schüler auf, sich auf die beiden Stühle zu setzen und zu beginnen.

Zum Ablauf:
1. Das Szenario wird vorbereitet.
2. Die Gruppe einigt sich auf ein Thema. Dieses Thema kann von der Klasse vorgeschlagen werden oder die Lehrkraft gibt ein Thema vor, das sich aus dem konkreten Unterricht anbietet.
3. Die Lehrperson erklärt das Verfahren:
   - Zwei Schüler nehmen auf den beiden Stühlen Platz. Der eine vertritt die Pro-, der andere die Kontra-Position.
   - Die Schüler tauschen ihre Argumente aus.
   - Die anderen Schüler haben die Möglichkeit sich in die Diskussion »einzumischen, indem sie, immer einzeln, aufstehen, sich hinter den Schüler stellen, dessen Argumentation sie fortsetzen wollen, und durch Berührung beider Hände auf die Schulter des sitzenden Schülers signalisieren, dass sie die Diskussion fortsetzen möchten.
   - Der sitzende Schüler nimmt dies zu Kenntnis, spricht sein letztes Argument noch aus und gibt dann den Stuhl frei.
   - Es sollen möglichst viele Schüler beide Positionen einnehmen.

Nach Beendigung der Übung fragt die Lehrerin, ob durch den Positionswechsel Argumente auf der Gegenseite gefunden wurden. Auf diesem Hintergrund kann dann inhaltlich weiterdiskutiert werden. Eine andere Möglichkeit könnte es sein, dass sowohl die Pro- als auch die Kontra-Argumente schriftlich festgehalten werden.

Praxisbeispiel 4: Lebendiges und strukturiertes Problemlösungsspiel Kräftefeldanalyse auf der Handlungsebene

Die so genannte Kräftefeldanalyse ist eine Methode aus der Organisationsentwicklung (von Kurt Lewin entwickelt), mit der man Probleme systematisch angehen und zielorientiert Lösungsstrategien entwickeln kann. Diese kreative Problemlösungstechnik wird noch stärker erlebbar gemacht, indem die hindernden und helfenden Kräfte, die in einem Problemfeld wirksam werden, handelnd miteinander agieren und in einen Dialog treten.

Zielsetzung:
- Problemstellungen in erreichbare Ziele umformulieren
- Das Kräftefeld durch Nennung der helfenden und hemmenden Faktoren transparent machen
- Identifikation mit einzelnen Faktoren durch Rolleneinnahme zum besserem Verstehen
- Erkennen, dass Problemlösungsstrategien kleinschrittig anzugehen sind (weniger ist mehr)

Fallstricke:

- Auch bei dieser Übung unbedingt vorher selber ausprobieren
- Zeit nehmen für Zieldefinition
- Rollenübernahme nicht nur von Personen, auch von Gegenständen, Themen, Problemen muss erprobt sein
- Die bei der Übung entstehende Dynamik sollte nicht unterschätzt werden
- Ganz klare Regeln aufstellen und Handlungsanweisungen geben

Zum Ablauf:
Nachdem die Gruppe das Problem definiert hat, an dem gearbeitet werden soll, wird dieses in ein zu erreichendes Ziel umformuliert, auf das hin eine Veränderung gewünscht wird. Das Ziel wird für alle sichtbar aufgeschrieben. Zu dieser Zielvorstellung werden alle Kräfte, Faktoren, Aspekte gesammelt, die die Gruppe als helfend oder hinderlich hinsichtlich einer Veränderung erfahren hat.

Bei dieser Datensammlung sollte man sich auf beschreibbares Verhalten beschränken (keine Bewertungen, Wunschvorstellungen).

Die genannten Faktoren werden auf Metaplankarten geschrieben und für alle sichtbar auf zwei sich gegenüberstehenden Stuhlreihen gelegt.

Für jede Karte ein Stuhl; eine Reihe für die Kräfte, die für die Lösung des Problems hilfreich sind und auf die gegenüberliegende Stuhlreihe werden die Karten gelegt, die den Lösungsprozess behindern. Zwischen beide Stuhlreihen wird ein großes längliches Plakat gelegt (auf den Boden oder auf einen Tisch), auf dem die Zielvorstellung steht. Jeder Aspekt, jede Kraft, ob fördern oder hemmend wird nun mit einer Person besetzt, die sich möglichst mit … identifizieren kann, die auf dem entsprechenden Stuhl Platz nimmt. Sind alle Stühle besetzt, so sollen die Beteiligten sich mit ihrer jeweiligen Kraft identifizieren, in dem Sinne, dass sie als Person in der Ich-Form diese Position vertreten.

Diese Technik kommt aus dem Psychodrama, in dem sowohl Gegenstände als auch Probleme, Persönlichkeitsanteile, Phänomene (Zeit, Stress…), Gefühle mit Rollen besetzt werden. Der jeweilige Rolleninhaber spricht in der Ich-Form und kann mit anderen »Rollen« in einen Dialog eintreten.

Beispiel:

- Das Ziel der Arbeit ist definiert, das Sozialverhalten in der Klasse soll verbessert werden. Als ein fördernder Aspekt zur Klimaverbesserung wurde die Notwendigkeit der Einzelberatung einzelner Schüler durch den Klassenlehrer genannt.
- Der diese Rolle innehabende Schüler sagt einleitend: Ich bin die Einzelberatung. Ich bin wichtig, weil es in der Klasse einige Schüler gibt, die oft rücksichtslos und egoistisch sind. Darunter hat die ganze Klasse zu leiden. Damit das anders wird, ist es nötig, dass der Klassenlehrer mit diesen Schülern Einzelgespräche führt und ihnen deutlich macht, dass dieses Verhalten nicht länger tragbar ist. Jeder Rolleninhaber kommt zu Wort und benennt seine Argumente. Die Schwierigkeit, dass angestrebte Ziel zu erreichen, sollte dann deutlich geworden sein.

- Es wird nochmal herausgestellt, dass die zur Erreichung des Ziels förderlichen, helfenden Aspekte auf jeden Fall beizubehalten sind, bzw. ihnen verstärkt Geltung zu verschaffen ist, während die hemmenden Faktoren einer nach dem anderen genau unter die Lupe genommen werden müssen mit dem Ziel Problemlösungsstrategien zu entwickeln.
- Damit wären wir beim nächsten Schritt. Da nicht alle Probleme gleichzeitig angehbar und lösbar sind, wird eine Entscheidung herbeigeführt, wie weiter gearbeitet wird.
- Das Szenario wird aufgelöst und jeder Schüler entscheidet sich für einen hemmenden Faktor und macht dies deutlich, indem er sich dem das Hemmnis symbolisierenden Stuhl zuordnet.
- An dem Aspekt, für den sich die meisten Schüler entschieden haben, wird weitergearbeitet. Auf die Art und Weise können nach und nach verschiedene Faktoren in den Blick genommen werden.
- Nachdem der Hauptstörfaktor herausgefunden wurde, kann ein Brainstorming folgen und anschließend ein Aktionsplan erstellt werden, der konkrete Schritte zur Lösung des Problems enthält.

Diese Möglichkeit, Wege zur Veränderung zu gehen, ausgehend von einer Ist-Analyse, einer aktuellen Problemdarstellung mit dem Ziel, die hindernden Faktoren in einer nahen Zukunft zu beseitigen, kann auch mit einer Person in einer Beratungssituation oder mit einer kleineren Personengruppe angegangen werden.

In der Einzelberatung kann der Schüler auf jeden der aufgestellten Stühle Platz nehmen und selber entscheiden, welche hindernden Faktoren er zuerst beleuchten möchte.

Verzeichnis der Autorinnen und Autoren

Karl-Oswald Bauer, Jg. 1949, Dr. paed., Dipl. Päd., Akademischer Oberrat im Institut für Schulentwicklungsforschung. Privatdozent an der Universität Dortmund.

Heinz Klippert, Diplomökonom, Lehrerausbildung und Lehrertätigkeit in Hessen; seit 1977 Dozent am Lehrerfortbildungsinstitut der evangelischen Kirchen in Rheinland-Pfalz (EFWI) mit Sitz in Landau. Zahlreiche Veröffentlichungen zum Arbeitsfeld »Schulentwicklung« sowie zum Methodentraining, Kommunikationstraining und zur Teamentwicklung. Trainer, Berater und Ausbilder in Sachen »Pädagogische Schulentwicklung«.

Maria Anna Kreienbaum, Dr. phil., PD, derzeit Vertretung der C4-Professur für Allgemeine Pädagogik an der Uni Karlsruhe. Ihre zentrale Forschungsfrage lautet: Was fördert, was hindert Lernen? Die Antworten sucht sie in der Schulentwicklung, der reflexiven Koedukation und – über ethnografische Methoden – in der Schulbegleitforschung.

Dieter Kulikowsky-Valentin, Jg. 1948, Lehrer, Psychodramaleiter und Supervisor. Langjährige Tätigkeit am Hessischen Landesinstitut für Pädagogik (HeLP) mit den Arbeitsschwerpunkten Supervision, psychosoziale Kompetenz sowie Beratung und Begleitung von Schulentwicklung. 27-jährige Lehrertätigkeit.

Ulrike Löffler-Anzböck, Jg. 1956, Dr. phil., Lehramt für Gymnasien in Deutsch, Psychologie und Philosophie. Promotion in Erziehungswissenschaften, Ausbildung in Organisationsentwicklung; Arbeitsschwerpunkte: neben dem Unterricht an einem Wiener Gymnasium: Schulmanagementtraining, Schulentwicklungsberatung und -begleitung, Lehrauftrag an der Universität Innsbruck, wissenschaftliche Forschungsprojekte im Bereich Schulentwicklung und Evaluation, zahlreiche Publikationen; seit 1999 Leitung des Bereichs Evaluation am Insitut für Lehrerfortbildung in Hamburg.

Sabine Müller, Jg. 1970, seit 1995 wissenschaftliche Mitarbeiterin im Institut für Schulentwicklungsforschung. Arbeitsschwerpunkte: Schulentwicklung, Evaluation und Schülerbeteiligung.

Norbert R. Müllert, Dr., Arbeit an Zukunftsfragen und Problemlösungen auf unterschiedlichen Gebieten von Gesellschaft und Wirtschaft, insbesondere Ausarbeitung von Zukunftswerkstätten (Dokumentation und Auswertung mit Handlungsempfehlungen sowie Vorträge und Studien; Vertiefung und Verbreitung der zusammen mit Prof. Dr. Robert Jungk entwickelten sozialen Problemlösungsmethode *Zukunftswerkstatt*; Leitung des »Instituts für Soziale Kreativität, Erfindungen und Experimente – Zukunftswerkstätten«.

Michael Schratz, Dr. phil., Professor für Schulpädagogik, Leiter des Insituts für Lehrer/innenbildung und Schulforschung an der Universität Innsbruck.

Siegfried Seeger, Jg. 1959, nach dem Studium der Sportwissenschaften (Diplom) und Biologie, Erziehungswissenschaften und Philosophie (Staatsexamen) Mitarbeit in Forschungsprojekten zu ›Gesundheit und Bildung‹ an der Deutschen Sporthochschule in Köln (1984–1990). Von 1990–1999 Pädagogischer Mitarbeiter in der Landeszentrale für Gesundheitsförderung in Rheinland-Pfalz e.V. im Bereich ›Gesundheit und Schule‹. Freier Bildungsreferent für Gesundheitsförderung und Schulentwicklung und Vorsitzender der Deutschen Gesellschaft für Gesundheitsfördernde Schulen e.V. (DGGS).

Felix Winter, Jg. 1948, Psychologe und Erziehungswissenschaftler am Oberstufen-Kolleg der Universität Bielefeld. Hauptarbeitsgebiete: Neue Formen der Leistungsbewertung und dialogisch-reflexives Lernen.